讲故事胜过讲道理

安抚孩子的艺术

【法】丽兹·巴多里/著
邓薇/译

北京科学技术出版社

著作权合同登记号 图字：01-2017-6408

图书在版编目（CIP）数据

讲故事胜过讲道理：安抚孩子的艺术 /（法）丽兹·巴多里著；邓薇译 . — 北京：北京科学技术出版社，2021.10

ISBN 978-7-5714-1841-0

Ⅰ . ①讲… Ⅱ . ①丽… ②邓… Ⅲ . ①家庭教育 Ⅳ . ① G78

中国版本图书馆 CIP 数据核字（2021）第 192036 号

贝壳家教

策划编辑：	陈 茜	电　　话：	0086-10-66135495（总编室） 0086-10-66113227（发行部）
责任编辑：	白 林		
营销编辑	石 瑜	网　　址：	www.bkydw.cn
责任校对：	贾 荣	印　　刷：	保定市中画美凯印刷有限公司
责任印制：	吕 越	开　　本：	880 mm × 1230 mm　1/32
出 版 人：	曾庆宇	字　　数：	80 千字
出版发行：	北京科学技术出版社	印　　张：	7
社　　址：	北京西直门南大街 16 号	版　　次：	2021 年 10 月第 1 版
邮政编码：	100035	印　　次：	2021 年 10 月第 1 次印刷

ISBN 978-7-5714-1841-0

定　　价：49.90 元

目 录

引 言

找回作为父母的直觉

当孩子生病的时候，父母会带着孩子去看专科医生；当孩子焦虑不安或为不良情绪困扰时，父母倾向于带他去看心理医生。心理医生解决心理问题，就像专科医生治疗生理疾病一样。如果孩子的心理问题很严重或者长期存在，这种做法是可行的。然而有些时候，在孩子的很多心理问题产生的初期阶段，父母可以在孩子身上发现一些蛛丝马迹，这时，父母可以给孩子做出安抚的回应。因为当孩子感到不适时，在他还没有意识到的情况下，他其实已经向父母传递了一种信号，表明他需要向父母表达自己的情绪。如果孩子的不适感增强，造成孩子的心理问题时，父母会因此而焦虑，甚至感到很无助。

但是要知道，有许多孩子都面临类似的问题，并且这些问题只是暂时性的。当父母具备养育知识、重拾为人父母的信心时，就能够帮助孩子摆脱困境。父母在保持孩子的心理健康和情绪平衡方面起着至关重要的作用。

换一种沟通方式

本书会提供一些帮助你找回父母教育能力的方法，你将会学习正确安抚孩子的方法。在帮助孩子成长的同时，你也会经历自我成长——在学习的过程中与孩子一同发生改变。弗洛伊德说过，为人父母是最难的工作之一。写作这本书的初衷是希望它能成为你的支柱，让你依靠，并帮助你轻松地解决看似棘手的问题。

我希望向你展示倾听孩子心声的方法，在阅读本书的过程中，你可以学习或者重新学习。运用这种方法，你不但能主动与孩子沟通，而且能用你的直觉去感受孩子，这种方法将全面帮助你去解决孩子的问题，或者缓解孩子的不适。

父母的作用是第一位的

父母在教育孩子方面有先天的优势，他们了解孩子的过去，当孩子出现不适时能最先察觉。父母也了解家庭情况，在家族内部，是否已经有成员有过类似的症状？这种症状是“遗传”自爸爸那边，妈妈那边，还是祖父母那边呢？了解上几辈人的过去是有必要的，因为有时孩子会“遗传”长辈这样或那样的特性。要想让孩子摆脱这种“遗传”的影响，需要观察孩子的行为。

其实根据孩子产生的问题或痛苦可以得知，现在就应该帮助孩子摆脱家族中“遗传问题”所带来的影响。

孩子拥有感应天线

孩子们正在经历的问题或折磨，经常会引导我们找到解决问题的途径。人们通常会说，孩子有“感应天线”；或者说他们是“海绵”，孩子能像海绵吸收水分一样吸收周围的所有情绪。孩子确实能感应到周围人的情绪，并且在潜意识里判断出阻碍家庭成员情感交流的因素。在我们的社会，大家都认可的一件事就是，成年人掌握着知识，孩子应当向其学习，但我们却忽视了应该尽最大努力倾听孩子教给我们的东西。因为在孩子的身上，在他们成长为青少年之前，都保留着用直觉判断事物的能力。相反地，成年人会把直觉放在一边，因为他们倾向于使用逻辑分析能力来解决问题。

作用于潜意识

不要等孩子来向你解释什么使他困扰。“为什么大家都欺负你？”“为什么你这段时间这么腼腆？”家长的这类问话只会加重孩子的不适。因为是潜意识里的东西在作怪，孩子通常很难给你一个符合逻辑的解释，你可以试着通过孩子的行为来找到根源性的答案。

告诉孩子你对使他困扰的事情的看法，并且就你的看法讲道理也是非常有帮助的。例如，你可以这样说:“如果这个小孩还是嘲笑你，你就不要再理他了，你可以跟别的朋友玩，跟那些玩得来的人玩。你也可以想一想，他在气头上，可能是他生活不如意，但这和你没有关系”。但这样的建议不是总能奏效，就算孩子想改变某种行为，也不一定真的能改变。如果想改变而又未能做到，反而有可能会削弱他的自信心。

为了能够对孩子的行为产生真正的影响，你应当经常深入到他们的潜意识里去。这种做法更为直接、有趣、高效！这本书里给出了一些能够直接提高孩子想象力的方法，这些方法拥有无与伦比的积极力量，能够帮助孩子做出改变。陪伴孩子一同成长的家长也可以通过巧妙地倾听孩子的心声，重新找回自己的想象力，而想象力可以帮助家长巩固与孩子之间的感情。

PART 1

发现自己无所不知的内心

01 如何使用这本书

安抚孩子的工具

这本书的第一版内容里包含了 4~12 岁的孩子最常遇到的 10 个问题。为了满足众多家长的要求，我在新版里又增加了 5 章内容，帮助家长解决孩子身上经常出现的难题。针对每一个问题，我都举出了几种解决的方法。一般来说，第二部分每一章的前两节——“理解孩子身上发生了什么”和“我的建议”会解释孩子身上出现问题的原因，和我针对这些问题所提出的建议，而后两节——“积极的想象力练习”和“故事”会重点列举一些通过想象力练习和讲故事的方法来激发孩子想象力的例子。对于孩子来说，当他们处于放松状态时，想象力练习和讲故事的方法对于他们潜意识的影响会更大，在这本书里，我也会给你介绍一种简单而高效的放松法，你在做所有练习时都可以使用。你和你的孩子都可以学习放松法，并且可以把这种放松法应用到生活的其他情境里去。这种放松法非常简单，你感觉需要放松的时候就可以使用它。

理解孩子身上发生了什么

这一部分会详细列举当孩子经历困难时的典型症状和可能引起这种症状的原因。这种分析法可以帮助你理解孩子身上发生了什么。

我的孩子正常吗？

带着孩子来找我咨询的家长通常非常无助。“之前孩子都好好的，直到去年开始才这样。我们不明白，而且他自己也不知道自己在害怕什么。什么方法都试尽了，什么都试了，我们不知道还能做什么努力！”他们想知道孩子身上究竟发生了什么事情，以至于让他如此害怕黑夜。或者是“不知道为什么，之前那么乖的孩子，怎么突然就变成一个小霸王”，再或者，家长前来咨询孩子的不自信问题，“他的哥哥就比他自信得多，为什么他就这么不自信？他身上发生了什么事呢？”等等。

我首先要做的是让父母理解和认识到某些状态本来就会经常出现，“这是正常的”这个说法本身就足以使父母安心。

父母不自责，孩子更安心

心理咨询师把问题的答案直接告诉家长也能使家长安心。我们知道，有些心理咨询师会持续跟进孩子的情况，长达几个月甚至数年，却不给家长任何解答。我发觉，对于那些绞尽脑汁想要知道自己在教育孩子的哪个环节出了问题的家长，想要知道心理咨询师将如何指责自己的家长，这种持续跟进的方法简直就是一种折磨。我更愿意给家长答复，以便让他们停止自责。当父母不自责时，家中的气氛才会得到缓解，这对于整个家庭来说都有好处！

我的建议

这一部分汇集了当孩子遇到各种各样问题时你应采取的态度。了解了这些，你就会让自己的心态更为平和，就知道在察觉到孩子不适的信号时要做什么、说什么以及要避免怎样的反应。

哪怕只是对孩子进行简单的安抚，有时就足以使家庭恢复平静状态。在实践过程中我发现，被我的建议所鼓舞的家长不再感到自责或焦虑。他们开始放松下来，不再怀疑自己的方法；他们重拾信心，创造出一种让自己和孩子都可以畅所欲言的氛围。最后家长会发现，问题在心理治疗开始前就消失了，孩子不再受困于家长焦虑的重压之下。

在这个章节里，我针对每一个问题，都给出了简单明确而实用的建议。希望你运用聪明智慧，向孩子传递积极的信息，帮助孩子做出改变。

想象力练习

想象力练习对于任何年龄的孩子来说都是一种有趣的练习。它的巨大好处是既简单又有趣味性，能够在练习的过程中帮助孩子在潜意识层面做出巨大的改变。它的主要运作机制是借助带有积极意义的想象图像，让孩子在头脑中想象自己做出了改变。例如，每次感觉焦虑的时候，孩子可以想象一种能使自己冷静下来的颜色，这样内心的煎熬将转变为一种宁静的色彩；还有一些孩子比较内向，那么他就可以想象自己手里拿着一块石头，每握紧一次，石头就会给予他更多的自信，这样一来，孩子的腼腆就会被他的“信心之石”治愈。

就像做游戏一样

孩子特别喜欢想象力练习这种能锻炼想象力的方法。做这种练习就像是在做游戏和表演魔术。通常孩子都对这种练习乐在其中，也能够特别快地领会在生活的其他方面使用这种方法的益处。

也是与潜意识进行沟通的方法

做这个练习的时候，孩子表面上看起来很平静，实际上内心波涛汹涌。

首先，想象力练习是一种能够使孩子与自己的潜意识进行沟通的方法。借助内心想象的图像，孩子可以与潜意识进行沟通。

其次，想象力练习可以将积极的信息有目的地引导到潜意识的领域，这个信息本身就承载着问题的解决方法。潜意识会将这种有益于身心的解决方法记录下来，使人心情舒畅。按照这种方法，当孩子对他晚上害怕的怪物进行想象力练习以后，这个怪物就会变成一个滑稽、有趣的形象；或者是怪物的形象在孩子的心里变小了，这就意味着这个怪物没有攻击性，并不需要害怕它。

孩子是自我改变的主角

这个练习还有一个好处，那就是让孩子发现他是自己生活的直接影响者。他将认识到自己是能够控制情绪的，这样能够增强他的自我认知，激励他在面对其他害怕的事物时，主动寻找新的解决办法。

理解孩子内心世界的方法

多亏了想象力练习，你有机会可以了解孩子的内心世界。

为了完成这个练习，孩子必须找到开启潜意识大门的方法。孩子有自己的方法。他的方法肯定与你的不一样，也与其他的孩子不一样。每个人都有自己的独特视角。有些孩子的视觉接收能力更强，而有些孩子的感知力更强。

想象力练习可以打开潜意识的大门，使孩子与自己的潜意识联结。并不存在一种通用的方法能够使所有人都能与自己的潜意识进行联结，每个人都需要探寻属于自己的方法。潜意识的状态是一种非常自然的放松状态，其实我们每天都会数次体验到但并不自知，例如，当我们沉浸在一本好书中，或者当我们被一部电影深深吸引时，甚至不会发觉有人进了房间。

孩子所有的在有意识状态下说不出来的东西都可以通过象征性的事物来揭示。这对孩子来说是很有意思的体验，他会更好地了解自己，这对你来说也同样有意义，因为你知道了通往孩子内心世界的方法。

需要注意的是，不要在孩子进行练习的时候对他紧紧逼问，或是迫切地想要知道他正在想象的事物，因为这是孩子自己的世界；更不要太独裁，不要说“你应当让怪物变得更小”，或是“你应当把它画成玫红色”这类话。你要对孩子的潜意识有信心，这种练习会引领孩子变得更好，是潜意识启发孩子找到问题的答案，而不是你。

隐喻故事

你肯定给孩子读过一些经典故事，然而，我们不是很清楚，这些我们小时候听过的经典故事是否对孩子的心理成长有帮助。这些经典故事与本书中提到的故事的不同之处在于，这本书里列举的故事都直接针对孩子遇到的问题。它们会对潜意识产生影响，并且不知不觉地教给孩子积极的解决问题的方法。

每个故事都应当在孩子在你身旁非常放松时讲给他听。创造一种轻松的氛围是非常必要的，这能够自然而然地改变孩子的意识状态。孩子半睡半醒时是讲故事的良机，在这种时刻，孩子的潜意识对故事里传达的解决方法是完全敞开的，你不必刻意分析故事的寓意，潜意识自然会告诉孩子解决问题的办法。这一切都是自然发生的，孩子毫不费力就放松了下来。如果你想了解放松的方法，书中也有关于这个部分的描述，可以参考第 25~27 页，那里有放松法的详细说明，适用于你和你的孩子。

本书中的故事就是我在这样一种放松的状态下写出来的，因此能够让我的直觉参与进来，帮助我进入潜意识的语言状态。如此一来，我们的潜意识能更好地捕捉到故事中针对自己内心的独特信息，同样也捕捉到一些通用的信息，这些信息是我们每个人内心世界里都会使用的，我们不知道它们从何而来，有时候甚至意识不到它们的存在！

我在书中提供给你的故事是针对孩子实际问题的故事，它们能够唤醒潜意识的语言，具有可操作性，并且能在孩子听的过程中切实地产生积极影响。

这些故事由你来讲述，在给孩子讲述的过程中，你也可以与孩子一同感受到放松的乐趣。

如果你的孩子快要步入青少年阶段，有可能他对听故事不那么感兴趣。在这种情况下，你可以参考书中其他章节的建议，这些建议是针对所有年龄的孩子的，而且非常有用。

没有什么比一个专属于你孩子的故事更加有效果的了。在本书的最后一章，你将学习如何自己编故事。

现在轮到你了，针对不同情形，给孩子编一个独一无二的故事

本书的最后一部分介绍的是如何自己编故事。我将从头开始指导你如何编一个故事。

其实你已经会编故事了，只是你不知道

编故事非常简单，不要觉得自己可能缺乏想象力或没有灵感，每个人其实都可以做到！有很多父母都会在孩子晚上睡觉之前，灵光一现地编一个故事，但他们从来都不会问自己，我

是不是会编故事？在这本书里讲到的故事中，只需要遵循一个简单的规则——把能解决孩子问题的方法揉进故事里——就可以了。

最简单的语言反而是最有效的

你可以循序渐进地讲一些暗藏着孩子独特信息（如孩子从婴儿时期就认识和学习过的内容，还有那些能够让他变得更好的精神力量和潜在能力）的故事。编故事既不是进行辞藻优美、语句抒情的演讲，也不是进行详细的推理，更不是对孩子的问题进行抽丝剥茧的分析。相反，你只需要完全的放松，让你的内心来发声。而且，最简单的语言或想法，对孩子的潜意识影响往往最大。

学会使用从你的大脑里浮现出来的图像和词句，你也许会感到震惊。一旦领会了“最简单的语言最有效”这个要点，你就会意识到编故事是一件令人心醉神迷的事情，而这一过程也将引导你更多地依靠直觉。另外，孩子们也特别喜欢那些专门为他们而创造的故事。他们会通过这些故事感受到来自父母的重视，并把故事当作父母用心赠予的礼物。

02 发现无所不知的内心

在生活中，人们认为自己能够自由地选择自己的思考和行动，这就是著名的自由意志论。很多人因此认为他们是自己生活的主人，他们认为只要有良好的意愿，生活就能够变得更好。从某种程度上来说这是正确的。然而，生活的轨迹总是起起落落，当现实不遂人意时，尽管主观意愿美好，但在现实面前也无能为力。这时，人们的潜意识会接收到一些意见，这些意见可能向我们施加压力、提出解决问题的方案或者带来精神上的痛苦。这样的意见将我们从梦中拉回现实，迫使我们做出改变。

其实，潜意识提出的意见就是指引人生前进道路的信号。当我们需要这些信号的时候就会看到它们。这是多么宝贵的援助之手！更棒的是，我们的内心世界拥有这种不易察觉的财富，一旦我们唤醒它们，它们就能为我们所用，帮我们进行积极的改变。

现在就是解决问题的最佳时机

在我们前进的路途上，当遇到小溪、绊脚石或者暴风雨导致无法前行时，我们通常会被迫选择别的道路。在生活中也是同理，当不适的情绪刚刚涌现时，我们就应该立刻停下来看看发生了什么，有没有别的解决办法。

不仅仅成年人应该这样做，孩子也应该这样做。孩子也会感受到围绕他四周的与情绪有关的问题：被压抑的欲望、没有说出口的话、内心的沮丧、抑制住的怒火等等。所有这些问题来源于你，或他的祖父母，甚至是他的曾祖父母……很显然，孩子无法意识到这一点。但孩子可能继承了所有来自于这些亲属的基因。孩子出现的这些问题反映了家中长辈过往的经历。孩子是应该无视这些情绪，还是应当摆脱这些情绪?

在面对孩子产生的心理问题时，我们除了给予孩子帮助，也应当进行自省，因为这是一次促使我们解决家庭中悬而未决的问题的机会。

从不理解到问题明朗

我通常都会询问孩子的父母，在孩子身上发生的症状，是否曾经在他们身上出现过。令人吃惊的是，同样的情况大多曾经发生在这些父母身上，当时他们的年龄跟现在来咨询的他们的孩子的年龄相差无几。

我还记得有一次，在妇幼保健中心接诊过一个 4 岁的小男孩，他被幼儿园送回家了，因为他在班里总是哭，打扰了其他小朋友。当时是 10 月中旬，从开学一直到 10 月中旬，那个小可怜一上幼儿园就开始哭。他的父母是塞尔维亚人，他们从小就定居法国。这对父母坚持要让孩子去幼儿园，因为他俩都要去工作。现在孩子被幼儿园送了回来，他的母亲只能停下工作，甚至有可能为此把工作丢了。

我探寻是什么使得孩子如此悲伤。我问这对无助的父母，孩子的这种情绪会不会是来源于他们中哪位的家族遗传。我的问题一开始令他们感到震惊，因为父母经常会觉得问题只出在孩子身上。但紧接着，孩子的母亲抽泣道："当我 4 岁时，妈妈去离家很远的地方工作，从此以后我只有在夏天才能看到她。"我又询问孩子的父亲，他说："我的父亲在我 4 岁时去世了。"原来，这对父母在他们处于自己的孩子这般年龄的时候，都发生过与父母分离的事件。父亲和母亲从未就这件事进行交谈，也从没有对他们的儿子说起过。

但孩子继承了二人身上携带的记忆这种信息的基因，这些信息在孩子的潜意识中发挥作用，使得那些经历带来的情绪问题在孩子身上重现。

孩子，信息的携带者

当我在跟孩子的父母交谈时，孩子把他画的鱼拿来给我看，他不会说法语，所以这幅画是他与我交流的方式。我很重视这一点，我对孩子说，你画的鱼很漂亮（孩子的父母在为我们翻译），我接着说，你很擅长画鱼，很显然你想跟我说些什么，但我现在还不知道你想表达的内容。我问他，是不是想在画上补充点儿内容。他说不是，同时他将怀里的毛绒玩偶抱得更紧了，这个毛绒玩偶就是迪士尼动画片《海底总动员》里的尼莫——一条生下来就失去了妈妈的小鱼。孩子的父母告诉我，他有这部动画片的光碟，他喜欢一遍又一遍地看这部动画片。我一直对新出的动画片非常感兴趣，动画形象是滋养孩子想象力的沃土。因为我知道尼莫的故事，所以我试图把孩子的糟糕感受与小鱼的故事联系在一起。

我蹲下来，让自己跟孩子等高，然后问他："尼莫发生了什么事？"这时，孩子的父母投来非常不安的目光。我给了孩子一个新的玩具，让他到旁边去玩，以便跟他的父母交谈。他们告诉我，孩子从来没有看过这部动画片的开头部分，"这对他这个年龄的孩子来说，太残忍了！"他们总是从尼莫的妈妈死了之后的内容开始播放。

这种为孩子过滤掉残酷片头的行为，表明这对父母曾经遭受过失去父母的切身痛苦——对父亲来说是实实在在地失去了自己的父亲，对母亲来说是每年与自己的母亲分离 11 个月。他们不希望孩子也经历同样的痛苦，所以他们过滤掉了影片的开头部分，但他们却没有意识到这样做会使整个动画片失去逻辑性和本应有的教育意义。我告诉他们，这部动画片最有影响力的部分正是在开头，因为孩子会从中明白：即使我们失去一个心爱的人，我们也能够坚强面对生活，甚至还能够发展出令人惊叹的才能，有时这种才能甚至大大超过常人。在电影里，尼莫最后救了所有人。

当这个孩子看过完整的动画片，又进行了两次复诊之后，他已经能够毫不焦虑地回归幼儿园了。

这个故事证明了两件事：

第一，孩子是家中长辈（如父母、祖父母、曾祖父母）潜意识信息的携带者；

第二，当长辈的痛苦悬而未决时，这份痛苦有可能在孩子身上重新出现，仿佛在对孩子说："现在就是解决问题的好时机。"正如这个例子，孩子在不知情的情况下，告诉父母那些他们曾经不敢去面对的事。

妄想将曾经发生过的事永远埋藏起来，觉得"毕竟过了这么久都相安无事"的想法是很天真的。时间概念对潜意识来说是不存在的！发生在10年、30年、50年或100年前的事与1小时之前发生的事对潜意识具有同样的影响。人们对于发生过的情绪波动有鲜活的记忆，因为它们是属于我们自己或者我们家族的历史。

信任无所不知的潜意识

令孩子的积极改变成为可能的理论基础是：孩子的潜意识里有解决自己当前心理问题的方法。

孩子身上就有解决方法

我们知道，从婴儿时期开始，孩子就开始在潜意识里对自己的经历进行记忆，记忆的内容包括他的感受、内心世界的语言、家族信息等等。同时，孩子身上也有着从心理治疗的角度来说让人非常感兴趣的、一连串的、对自身有益的解决问题的方法。所有这些方法都可以随时随地加以利用，即使它们在意识层面很难被察觉。

承认内心世界的丰富性

我通常会用橱柜里的厨具来打比方，以此向咨询者描述潜意识的丰富程度。把你的大脑想象成一个大厨房，厨房里有好几个装满了厨具的橱柜，你可以在厨房里毫不费力地做出几道好菜。有些厨具——正如意识，就摆在厨房工作台上，它们每天都会被使用到。然而你却忘记了放置在橱柜里的那些厨具——潜意识。你会觉得长时间让自己保持意识觉醒状态是辛苦的，跟长年累月地使用同一个榨汁机来榨橙汁对榨汁机造成过大的损耗是同一个道理。你甚至会羡慕那些善于利用自己的意识与潜意识的人，正如你会认为那些拥有全自动家务机器人的人比自己更加幸运一样。

我们的工作很简单，那就是打开橱柜门，找到并使用那些摆放在橱柜里的厨具，我们将发现我们所有的宝藏！

无所不知的部分——一位盟友

“潜意识”这个词对孩子来说可能有些难以理解。我从来都不直接使用这个词，反而更倾向于使用这段话：“这是你心里‘无所不知’的那一部分，这是一种来自你自身的力量，你可以加以利用。”多亏了想象力练习和隐喻故事，孩子的潜意识将开始使用那些正确的解决问题的方法，以此来对抗那些干扰他的事物。那些事物可能是一种不好的行为、一种冲动、一种坏习惯、一种痛苦的感受、一种害怕的情绪等。

简单和形象化的语言

隐喻让我们不用直接指出来，就可以谈论孩子做得不好的地方。类比也是一种很有效的传递信息的方法。4 岁以上的孩子已经可以理解心理层面的内容了。从 5 岁开始，孩子便能够领悟道理。这一过程比它表面看起来更为复杂一些。例如，如果我说“他人即恶狼”，为了领会到这句话传递的信息，孩子需要在潜意识里预先了解“狼”这个词所代表的含义——狼是一种凶残的动物。在这里，类比的作用是让孩子回忆这个词所代表的视觉形象和象征意义，同时类比更多强调精神领域的含义，而不只是简单地解释：“人类的行为像狼，因为他们对彼此很残忍。”

这种类比的思想从精神疗法的角度上来说很有意思，因为我们可以通过它来和潜意识进行对话，这种对话的语言正是隐喻和图像。这种语言是左脑（负责语言并进行理性和分析性质的思考）和右脑（负责想象和直觉，并进行类比思考）之间的桥梁。

弦外之音

这就是讲隐喻故事的目的。被隐藏起来的真实意思会在孩子的内心产生强有力的回响，因为此时它已经被潜意识所理解。通过隐喻来谈论问题的这种方法，从化解孩子自我防御机制的角度来说有巨大的优势。我们可以让孩子的警惕性处于睡眠状态，让他的潜意识对我们所讲的观点产生赞同。这样做，能够作用于孩子的问题，而不会伤害孩子的感受或让孩子感到不适。一旦孩子的警惕性降低，潜意识就开始启动，开始理解信息的意思，也开始寻找对应自身问题的解决方法。

当我为孩子讲故事的时候，孩子几乎不会把故事直接与他自己的问题联系起来。他只是听到了故事，并不去分析，也不会提出问题，这就是为什么隐喻故事会对孩子产生如此大的影响。相反，成年人很容易去找一些支撑故事的论据，这种分析的需求弱化了向他们的潜意识传递的信息。

完全放松下来，积极面对变化

改变意识的状态

人们希望得到的内在转变是与意识状态的改变同时发生的。这种改变是指从清醒的意识状态过渡到转换的多重意识状态（altered state of consciousness），相对于清醒的意识状态而言，这是一种独特且独立的意识状态。在这种状态下，人的防御性降低，更容易触及情绪反应，反应性提高，更能触及潜意识。这种状态是处于睡眠和清醒之间的状态。幸好有这种状态的存在，人的大脑能够得到休息，还能为潜意识腾出空间，让其接管一切。

生理上的变化

放松带来的生理变化会帮助改变人的意识状态。因此，理想的情况是在做想象力练习或给孩子讲故事前，先让孩子放松下来。

放松要遵循的规则非常简单而明确：找一个能平静下来的地方，说话声音轻柔，不要突然改变音调。作为父母，有时你做到这些就够了。孩子自身有轻松改变意识状态的绝佳才能。

偷偷地观察你的孩子，你会捕捉到他在放松的信号。对一些孩子来说，放松下来只需要很短的时间。如果你的孩子能很快放松下来，那么你不需要严格遵循书中的每一个步骤。

如果你想教孩子一些更简单的放松法，以便将来用在其他各种各样的情境里，那么接下来，我将描述一种适合你和孩子两个人一同放松的真实场景。

放松法

◆ 让孩子闭上眼睛，感受自己的呼吸，你也要照做。不要改变已有的呼吸方法，只是用心去感受吸气和呼气，这样两个人都会放松下来。

◆ 指导孩子更多地用腹式呼吸，你可以对孩子这样说："现在你可以感受到空气一直往下走，到达你的肚子。这样做，你的身体会更好地放松下来，听我接下来要给你讲的故事，或我将要给你推荐的想象力练习。把你的肚子想象成一个气球，每次吸气，就想象你的肚子气球在鼓气"。

◆ 过一会儿之后，告诉孩子，他的呼吸会顺畅地持续下去，不需要刻意地想它，因为他的身体里面可能有一个无所不知的部分记录下了所有对于他来说最有益的事，所有这一切都将自然而然地发生。孩子按照自己的节奏呼吸，即使他的大脑在开小差。这是一条要传达给潜意识的信息：孩子按照自己的节奏自然地呼吸着，潜意识能够以自己的节奏作用于出现问题的地方，孩子甚至不需要刻意地想这件事。

◆ 你也应该借此机会好好地放松一下（毫无疑问，你的孩子会比你更快地进入放松状态）。如果你有时间，可以给孩子讲讲你生活里一个愉快的片段，如在海滩上度假，在山顶将眼前的美景尽收眼底，去钓鱼，读一本书，与朋友们尽情欢笑的情景，等等。闭上眼睛，将场景生动再现出来，你只需要描述出当时那些事带给你的愉悦或恬淡之感。

◆ 随后，让孩子讲一讲他今天或者之前某一天度过的最惬意的时刻，如果他想不出来，你可以引导他回想一个你所知道的他曾经非常享受的时刻。

如果孩子不想说这个话题，也不要去勉强，你可以改变策略：让孩子讲讲自己最近非常喜欢看的一部动画片或一本书。当他沉浸在自己喜爱的故事里时，他会在不知不觉中自动改变自己的意识状态。

◆ 如果孩子找到一段愉快的记忆，可以让他描述当时的环境，你可以根据记忆的内容问问孩子，天气是热还是冷？当时是白天还是夜晚？他是一个人还是周围有其他人？他因为什么事而感到高兴或骄傲，或者为什么感到平静或幸福？在讲述的过程中，你可以时不时地对他说："这听起来真不错，真是一段美好的回忆！"或"我感觉你很喜欢这部电影。你肯定还有很多很多美好的回忆，你头脑中'无所不知'的那一部分记得所有对你有意义的东西。"这句微不足道的话将潜意识引向对孩子有益的事物，唤醒使孩子变得更好的能力。

◆ 除了练习放松法，你和孩子也可以练习回忆美好的事情，让潜意识记录积极向上的事情，这也是非常有好处的。然而，有时候孩子不愿意和你讲他的回忆，不要去勉强，勉强得太多，就会变成“作业”了。请保持轻松愉快的氛围，你们还有许多这样放松的夜晚。

“故事里的主人公成功了，我为什么不行？”

很久很久以前，父母就会给孩子讲故事，这些虚构的故事对孩子来说并不陌生，它们带着一种魔力超越时间与空间，让孩子轻松穿梭于现实与想象之间，如此一来，“此处”与“别处”，“当下”与“从前”就交织在了一起。

“我不再是独自一人面对问题”

有些故事把孩子内心的压力用文字的形式表现出来，这些文字承载着强烈的信号，帮助孩子们经历考验，克服悲伤与焦虑。它们证明，意料之外的痛苦是生活的一部分，孩子正在经历的烦恼或痛苦，别人（故事里的主人公）也会经历，从很久很久以前开始就是如此。那些经典的故事，如《拇指姑娘》《三只小猪》《丑小鸭》等等，都是带有心理治疗效果的隐喻故事。这就是为什么这些故事能够历久弥新，帮助一代又一代的孩子们战胜自己的恐惧或痛苦，因为已经有别人（故事里的主人公）成功地战胜过磨难。

既然故事里的主人公也会经历磨难，孩子在面对困难时就不会感到孤单，孩子知道，曾经有人在别的时间和地点遇到过同样的问题，这样的想法会让孩子感到安心。

解决问题，而不是逃避问题

故事更重要的作用是可以教孩子直面问题，而不是选择逃避或自怨自艾。因为那些故事里的主人公，在经历过重重磨难和考验之后，最终都成功地摆脱了困境。孩子会在潜意识里想："既然故事的主人公在那种灾难性的情境里都能成功，我为什么不能呢？"然后孩子在自己毫无察觉的情况下增强了自信心，也增强了积极掌控未来生活的能力。

本书中介绍的故事里既包含一些经典故事的核心思想，针对每一个不同的问题，也有其特定的核心思想。

孩子不同的情绪问题通过不同的故事人物形象——善良的仙女、恶毒的继母、伸张正义的人、嫉妒的姐妹——拟人化地表现出来，并且孩子对故事的领悟程度也会随着他成长阶段的不同而有所不同。因此每隔几周或几个月给孩子重读一个故事，对孩子产生的影响是不一样的。

讲故事，不要去分析

在给孩子讲故事之前，你需要使他保持安静、放松的状态。可以选择一个让孩子感觉轻松的地点，如孩子的床上、你的床上、沙发上，或是你坐在安乐椅里，孩子坐在你的膝盖上等等。也需要选择一个让孩子感觉轻松的时间段，如果孩子刚回到家，他想先玩一会儿，你可以晚些时候再给他讲故事。

不要谈论孩子的问题

直接对孩子说“我接下来会讲一个故事让你安静下来”“为了让你更有自信”，或“因为我不在你身边时你不开心”这样的话是没有意义的。为了激发他的好奇心，最好说“我要讲一个故事，希望你能喜欢。”

孩子一旦放松下来了，就让他在自己选择的舒服的地方待着。

你也可以先给孩子读另一本书，或者通过放松法来加深他放松的程度，具体的放松法可以参照第 25~27 页里的内容。当孩子敞开心扉，认真聆听故事时，你是可以切身感受到的。注意不要一直讲到孩子表现出困倦，如果孩子困了，那就改天再讲。

轻柔地讲

为了尽可能地增加孩子在听故事时的舒适度，你应当讲得轻一些、慢一些、流畅一些，以便孩子有充足的时间来对你讲述的内容进行想象。这样做可以使他的潜意识完全开始工作。要避免声音忽高忽低，例如，你一直轻声说话，却忽然喊道："突然间……"。

这个故事是讲给孩子的潜意识听的，潜意识会理解故事的情节，发掘隐藏在故事中的精髓，在这个过程中，你不需要对孩子的意识状态进行干预。

不要去分析

最后需要注意的是，不要把孩子的问题与隐喻故事联系起来，也不要为了让孩子听懂，就将故事里的道理重新解释一遍。例如，不要在故事的结尾说："你看，故事的主人公一开始也对自己没有信心，但是最后他还是成功了。"

你要对孩子的潜意识有信心，故事的道理与自身问题之间的联系应该由孩子自己来建立。在故事中夹杂大量带有分析性质的解释反而会减慢孩子自我治愈的速度。

意会胜于言传。

PART 2

15个问题，15个故事，15个解决方案

本书写到的15个问题是我在给孩子们做咨询的过程中最常遇到的问题。如果你认为自己的孩子正在受到其中某个问题的困扰，你可以直奔主题，翻看对应的问题。每一个问题的展开形式都是一样的。我建议你先阅读每一个问题的前面两节内容："理解孩子身上发生了什么"和"我的建议"，以便获知更多关于孩子遇到的问题的信息。

至于解决这些问题的方法，在每个问题的后面都有两节内容："积极的想象力练习"和"故事"。你可以在与孩子共度一段安静的时光时运用，并在有时间和有需要的时候进行练习。

然而，为了引导孩子改变意识状态，也就是使潜意识开始发挥作用，你可以再次阅读本书中有关放松法的内容。

即使你的孩子并不直接涉及，或现在还没有出现书中列举的问题，我依然建议你将每一个章节都读一遍。一方面，你可以记住书里的分析和建议，以便日后在孩子出现类似症状之前就识别并解决问题；另一方面，书里提到的想象力练习也非常适用于解决孩子遇到的其他问题。例如，建立自信的工具——"信心之石"的练习，就可以为所有的孩子在任何场合使用。

给孩子读故事也能让你积累有关故事的谋篇布局、隐喻的使用方法和带有象征意义的素材这类知识，当你自己编故事的时候，你就能够将这些知识化为己用，就像本书的第三部分提到的那样。

最后，你应当鼓励孩子在其他的时刻运用他们所学到的放松法和想象力练习技巧。反复运用这些技巧，会带给孩子越来越深刻的积极影响。

01 孩子怕黑，怕怪物

理解孩子身上发生了什么

孩子怕黑是一个非常常见的问题。在很小的时候，如果半夜醒来发现自己独自一人待在房间里，几乎所有的孩子都会感到害怕。通过观察发现，绝大多数夜晚哭闹的事件发生在2~5岁的孩子身上。通常，孩子会拖延着不肯去睡觉、紧紧抓住沙发来对抗家长的拉拽，并大声要求晚点再睡；或者是孩子已经上床了，但是不停地要求要再喝一杯水，并要家长亲亲抱抱；或者向家长提很多问题，通常每天提的都是同样的问题——“你会待在客厅里吗？”“你要去睡觉了吗？”等等；有时候孩子会说出自己的恐惧——“我不喜欢晚上”或“晚上怪物会来我的房间”；还有的时候，到了深夜，孩子会呼叫父母或爬上父母的床。

折射出的压力

当孩子到了开始对周围环境更有感知力的年龄时，对于黑暗的恐惧就会突然袭来。他们需要排遣内心累积的压力，应对一件新鲜事有可能会产生压力，需要面对某个人时也会产生压力。特别是当孩子学习新东西，或面临生活中的变化，如居住环境的变化、饮食的变化、父母工作时间的变化时，这种问题就会突然出现。

当夜晚来临，孩子置身于让他感觉无助的环境里，焦虑的情绪慢慢累积，他会将这种压力投射到自己想象出来的外部的形象上，给这个形象赋予一些具体的特性，例如想象有怪物在自己的房间，孩子感到害怕是很正常的。最让孩子害怕的是想象自己被埋伏在房间角落——床底下，柜子里，窗帘后面——的许多怪物袭击。房间越大，躲藏在房间里的怪物就越多。

孩子的想象力是非常丰富的。晚上，当他独自躺在床上时，他的所有感官都处于活跃状态。对于听觉来说，孩子听到的噪声（如地板或百叶窗咯吱作响的声音）越小，注意力就越集中，就越容易产生焦虑。对于视觉来说，黑暗使孩子在房间里感到迷失，他们无法在房间中找到参照物，在幽暗灯光的映照下，那些熟悉的物体变得硕大无比。而且，这个年龄段的孩子很难区分现实与想象，上床睡觉的时刻很有可能唤醒他脑海中的坏人形象——巫婆、幽灵、吃小孩的妖怪、大灰狼，等等。这些坏人的形象来自孩子听过或读过的故事，孩子在潜意识中储存着这些形象，它们变成了孩子的噩梦。孩子感受到威胁，又没有自我防御的能力，孩子无法抑制自己的恐惧，于是开始呼救。

有用的畏惧

然而，你需要知道，这些恐惧可以让孩子变得更加独立自主。孩子借此学会应对变化、克服情绪障碍，这会使孩子终身受益。当然，面对恐惧时，来自父母的帮助也是必要的，父母可以教给孩子自我安抚的能力，并且确保他学会这种能力，这是父母的职责所在。

需要注意的是，家庭环境会影响孩子的行为。焦躁不安的父母会让孩子也产生不安的感觉，而孩子的潜意识将记录下家庭中萦绕的焦虑，在不知不觉中会将这种焦虑传回给父母，这又将引发父母更多的焦虑。这种父母与孩子的交互影响，通过父母对孩子进行安抚能够得到改善。接下来，我们来看看如何终止这种无止境的循环。

我的建议

安抚孩子的恐惧情绪

父母必须做的就是让孩子感到安心，以此帮助孩子克服怕黑、怕怪物的情绪。

首先要让孩子有安全感。提醒他那些确信无疑的事情：你就在不远处，你能听见房间里发生了什么，无论他发生了什么事你都有能力保护他。

无论孩子睡觉前多么不情愿，或半夜哭喊着叫你，说他的床底下有一个幽灵，你都要安抚他，告诉他床底下什么也没有，让他放心。

和孩子谈论使他害怕的事物

帮助孩子进行自我表达，让他给你讲讲他害怕的东西。你与他交谈的语气不要太夸张，你要让他明白，你能够理解他。同时，要注意自己表达理解孩子的方式：你应当倾听孩子的感受，而不应当陷入想要与孩子一起把怪物赶走的误区。避免表现出你相信他想象出来的怪物真的存在，如比划着拿扫帚驱赶怪物，或给孩子出主意让他在门后给幽灵制造一个陷阱……所有的这些行为都会向孩子表明：他脑海中想象的怪物是真实存在的！

帮孩子战胜恐惧

当孩子对你说起怪物的时候，倾听他的讲述，并且告诉他，其他孩子也会想象出来这些东西，因为孩子们都有着丰富的想象力。这是一种将他的恐惧转化为优点的方法。

如果你小时候也有过类似的经历，也可以把你当时的焦虑告诉孩子。相反地，千万不要告诉孩子你现有的不安，让孩子知道父母居然也会害怕并不能使他感到安心。能让孩子感到安心的是：父母在他这个年纪也曾有过这种恐惧，但是最终，他们战胜了恐惧。

如果孩子已经自己战胜了一些恐惧，那么你可以利用下文介绍的想象力练习帮助他回忆之前让他感到害怕、但是现在已经不会再折磨他的东西。这种战胜恐惧的经验是一种积极学习的过程，它会增强孩子的自信，在今后的日子里，当孩子遇到新的困境时，他将能够勇敢地战胜它。

让睡觉变得有仪式感

孩子准备睡觉前，花点儿时间做一些安抚睡眠的小仪式是很有必要的。你可以亲一亲他，抱一抱他，给他唱几支摇篮曲，让他说说白天发生的不愉快的事情，释放自己的压力。尤其可以跟孩子讲讲马上会发生的、能让他感到开心的事，例如，一次外出，家里要来一位小表亲，等等。如果你有什么要责备他的事情，请不要在临睡的时候说。如果孩子在睡前被责备，他会因为悲伤而难以入睡，更加害怕独自一人躺在床上，觉得不被父母喜爱。可以给他拿一只他喜欢的毛绒玩具，给他讲个故事，或按照本书第三部分介绍的方法自己编一个故事……所有能让孩子平静下来的事都是可以做的，要避免嬉笑打闹和延长闹着玩的时间，以及所有会使孩子感到兴奋的事情。

然后，跟孩子道晚安，再次告诉他，你就在不远处。有一个可以帮助孩子减轻压力的小诀窍，那就是告诉孩子：无论多晚，只要他有需要，你都会马上赶来照顾他。只需这种简单重复的话语和重复的睡前小仪式，就能让孩子感到安心。

给孩子留一点儿光

在孩子怕黑的这段时间，你可以在房间里给他留一盏夜灯，或者把房间的门开一道缝，让走廊的光线洒进房间。这样一来，孩子周围的物体轮廓就不会那么狰狞。如果有需要，可以在他旁边留一盏小灯，或者使用那种白天充电晚上就能发出荧光的小玩意儿。在孩子独自一人时，这种小玩意儿也可以变成暖心的小伙伴。

你也可以带孩子欣赏夏日的夜晚，让孩子看看夜空中皎洁的月亮和闪烁的星星。然后，你可以将一些在夜晚发出荧光的星空贴纸贴在房间的天花板上，当孩子入睡前看到这些星星时，便会回忆起那些看到夏日夜晚的星星的美好时刻。做这些的目的是让孩子明白：夜晚不是他的敌人，而是一位能安抚心灵的好朋友。这之后要说的故事就基于这个想法。

如果你的孩子有兄弟姐妹，那么他们可以睡同一个房间，有他人的陪伴也会使孩子安心。

你和孩子需要知道的是：这种对夜晚的恐惧只是暂时的，它会自己慢慢地消散。

做到原则分明

需要注意一点，不能随意延长睡前小仪式的时间，那样会推迟合理的睡觉时间。如果孩子一再要求要延长晚上玩耍的时间，要坚定地告诉他:“现在应该睡觉了。”要知道，没有什么比明确的指令和对规则的遵守更能让孩子感到安心的了。

每个孩子都是独一无二的，有些孩子睡得早，有些睡得晚。如果你的孩子隔一会儿就起来一次或者是一遍又一遍地叫你，很有可能他并不需要像鸡雏一样睡那么多觉。有的时候，你只需要在该睡觉的时候跟孩子说:“你只用睡半个小时。”孩子就会信以为真，然后就会一直睡下去。晚上，你会知道大概到几点钟，孩子就会感觉到疲倦，这时他会释放一些信号，如打哈欠，眼神迷离，眼皮打架，吮吸拇指，抱紧毛绒玩具，等等。你可以告诉他:“你每次这样吸着自己拇指的时候，就表明你想去睡觉了，你是不是自己都不知道呢？”下一次他就会感受到自己释放的这些信号。

然后，你就可以帮助孩子开发他的想象力了。你可以建议他玩一个他喜欢玩的小游戏——那种不会令他感到无聊的游戏，直到他玩够了想睡觉。例如，每天晚上，让孩子编一个故事，第二天早上讲给你听。每次可以给他指定不同的线索：一位公主、一个篮子、一些花朵、一匹白色的小马、一幅有魔力的画等等。由孩子自己运用这些线索来编一个站得住脚的故事，每天坚持，直到他能够编出一个完美的故事。

积极的想象力练习

为了让怪物变得没有攻击性

一个滑稽的怪物

这个练习的目的是消除怪物的恐怖形象。我们要改变怪物投射在孩子心里的形象，也就是与孩子的潜意识进行沟通。这种练习会让孩子的潜意识对想象中的怪物外形做出积极的形象转变，切断之前恐怖的心理形象与恐惧感之间的联系，而将积极的心理形象与平静的感受联系起来。

◆ 先让孩子描述他夜晚所害怕的怪物的样子。然后，引导孩子改造怪物的形象。用提问的方式来帮助他："我想知道，你想怎样改造怪物的样子呢？试着变换它的衣服和它的颜色，或者让它戴一顶滑稽的帽子吧。为什么不让它笑一笑呢？你也可以给它的头发编一个辫子，就像女孩子的那种辫子。"

◆ 让孩子自己去想象他想做的改变，如果他愿意，请他描述改造后的怪物是个什么模样。

◆ 如果这样做后，孩子仍然对怪物感到害怕，你可以建议他把怪物的个头缩小，让它变得非常小。对孩子说："这样它就不能骚扰你啦！看看它多滑稽！"或根据孩子的想象说："你看它多么小啊，太好笑了！"

◆ 祝贺孩子战胜了怪物，并且告诉他，现在他身体里那个无所不知的部分已经很好地记录下他改造怪物的过程。以后当他再遇到别的怪物或做别的噩梦时，他就可以重复这个过程。

让孩子安睡的故事

星星仙女艾斯黛拉

这是一个名叫芙里乐丝的小女孩的故事。芙里乐丝害怕很多东西，她不敢去冒险，尤其不敢在夜里去冒险。她说，当夜幕降临时，所有的东西都变了样，她会看到一些奇怪的影子，而且她总觉得夜里会发生一些危险的事情。她也不知道为什么自己会这样想，但她就是害怕。她的父母曾经告诉她，大部分孩子都会有这种烦恼，这让芙里乐丝觉得至少她不是唯一感到害怕的人。

有一天，她突发奇想：如果把所有的胆小鬼都召集到她房间里来，大家的恐惧感会不会减轻呢？妈妈告诉她这是不可能的，而且，芙里乐丝也不想有很多人挤在她的房间。

每次当别人说芙里乐丝是胆小鬼时，她都很难过，他们这样说，更让她想起自己的恐惧。晚上会看到奇怪的东西也不是她的错呀！她对自己说，她害怕的东西都是想象出来的，但也无济于事，她就是害怕夜晚。

有一天晚上，像往常一样，芙里乐丝缩在她的被子里瑟瑟发抖。突然，她看见了一道强烈的光，光太亮了，以至于一开始她都睁不开眼睛。当她重新睁开眼睛时，发现她的床边站着一位小仙女。仙女穿着深蓝色的裙子，上面点缀着很多星星；她戴着一顶尖尖的帽子，帽子的顶端有一颗非常非常闪耀的星星。芙里乐丝非常确信她就是星星仙女。她是那么夺目耀眼！芙里乐丝问她叫什么名字。这个夜间出现的美妙的人儿说，她叫艾斯黛拉。芙里乐丝完全沉浸在仙女的光辉里，竟忘了现在是深夜。艾斯黛拉皱了皱眉，赌气地说道："你要知道，我是从来不在孩子面前现身的，但是我实在是受不了你们这些害怕黑夜的孩子了！你们把我们这些在夜空彻夜闪烁的星星忘记了！我们成千上万地聚在一起与月光交相辉映并照亮你们，但是你还有其他的孩子，你们从来不会想到我们，这太让人失望了！"

接着，仙女问道："你想不想要光亮呢？"

"当然想了，"芙里乐丝回答道，"但是请您原谅我们，我们并不知道您在那儿，也不知道您能给我们带来光明！因为，每当百叶窗放下来，我们就看不见您了，亲爱的艾斯黛拉。既看不到您，也看不到您天上的朋友！"

"亲爱的孩子，这就是为什么我要从那么遥远的地方赶过来的原因。因为我要告诉你一个秘密，让你能在每天晚上看见我们、感受到我们在保护你。”

芙里乐丝竖起了耳朵，她屏气凝神地等着仙女告诉她这个了不起的秘密。

“我的小宝贝，闭上眼睛，想象我的光亮。我的光明将你环绕，让你变得闪闪发光，”然后，仙女低声轻语，“星星们都来到你身上了，好好睡吧，你明早起床时会感到精力充沛。”

芙里乐丝安心地睡着了，就好像被施了魔法一样。第二天早上，她感觉神清气爽，她非常庆幸自己终于睡了一个好觉。

她想起了艾斯黛拉，她对自己说：“我一定是做梦了，世界上根本就没有星星仙女！”但是，她发现床边挂了一小块布，那是一块缀有许多星星的丝质织物。

也许，她永远也不会知道这到底是艾斯黛拉留给她的俏皮小礼物还是只是一个巧合。但可以确定的是，现在已经没有人再叫她胆小鬼了，因为每天晚上当她闭上眼睛，都能感受到一道美丽的光照亮整个房间，她梦到艾斯黛拉和星星来到她身旁，整晚守护着她。

02 孩子不自信

理解孩子身上发生了什么

害羞从何而来?

我们知道，每个孩子的自信程度都不一样。有的孩子大胆莽撞，似乎没有什么能阻挡他；有的孩子则很害羞，不敢自我肯定。这种区别从年龄非常小的孩子身上就能看出来。导致这种差异的原因有很多，但主要原因在于家庭成员的行为模式和对孩子的教育方式。

孩子会沿袭一种普遍的行为模式

当一位与孩子关系非常亲近的家庭成员——你、你的伴侣、祖父母等——有着害羞的性格时，他可能会将这种害羞的行为模式渗透给孩子。因此，人们经常会发现有些家庭的所有成员基本上都很害羞。

你有可能会强化这种害羞

如果你固执地认为孩子肯定会像你一样害羞，那么你就要注意了，你可能会无意中将孩子早早地引导到缺乏自信的方向上去。也就是说，本来你的孩子可以自己增强信心，但却好像被邪恶的精灵施了法术一般变得不自信。因此，父母不应该去预判孩子未来的行为模式。

如何增强自信

害羞是与自信呈负相关的，父母在帮助孩子增强自信方面有着不容忽视的重要性。

有些父母已经受够了童年时期的害羞带来的痛苦，或者他们现在仍然深受其苦，因此特别希望自己的孩子不要遭受同样的痛苦。他们会要求孩子更加勇敢、更加外向，但是要知道，欲速则不达。

孩子身上的所有优点和缺点会逐渐构成他这个个体，这些优缺点就像是宝藏一般，使他变成一个独特的人、一个完整的人、一个与你很亲近却与你不一样的人。孩子需要学习的是更好地认识自我、发掘潜力和相信自己。

如何增强孩子的自信？通过你给予孩子的爱、通过你充满爱的眼神，孩子会感受到自己是有价值的，感到自己是被爱的、是重要的。通过这种方式，孩子获得了安全感，这会让他很安心。关于依恋理论的研究表明，安全感关系到孩子日后是否能够独立自主，孩子会在内心储存这种能够让他感觉安全和自豪的力量。

孩子要求与众不同，这是独立自主的信号

孩子大约从两岁开始学会抵抗，如学会说“不”，他通过与你作对或者表明自己的喜好来彰显自己的个性。在这个阶段，父母可以通过给予孩子选择的权利来让他自我表达。通过给出问题的不同选项，比如问孩子：“你更喜欢去哪儿？是去公园呢，还是去游泳池？”我们给予了孩子更多的自主选择机会。

孩子应该通过更好地理解自己的价值来增强自信。他会获得各种各样关于独立自主的经验，这种经验的获得来自于家庭或学校。在学校里，他会和其他孩子相处，这些孩子可能难以相处，或者具有攻击性。在这个过程中，孩子若表现得愿意面对他人、肯定自我，并表现出愿意与他人相处，这就表明孩子的自信心得到了提升。

在这个阶段，你应该帮助孩子把每天发生的事用语言表达出来，特别是当孩子回家愁眉不展时，问问他，他有没有在学校和别人一起玩，他有没有被别人嘲笑，如嘲笑他的外表、他的没精打采、他的成绩等等。如果有这类情况，不要让孩子把情绪藏在心里。你应该鼓励孩子去寻找解决问题或摆脱难过情绪的办法，可以对孩子说：“如果这个小男孩真的说了这番话，那可能是因为他目前情绪不好或生活上遇到了什么困难，也可

能他就是嫉妒你而已。我们不知道原因，但我们知道每个人都有难过的时候，他因为难过而攻击你的时候你最好不要理他，你可以和其他你喜欢的小伙伴一起玩。”

帮助孩子获得更多自信

拥有自信心会让孩子终身受益。强大的自信会让孩子更加容易与他人建立友谊，会让孩子在处理人际关系时更游刃有余，也会让孩子在做决定时不害怕别人的眼光。一旦获得自信心，人就不容易被生活中那些不可避免的打击所打败。

相反地，不自信会使孩子在经历困难，如一个人去面包店、在学校背课文时产生一系列的身心不适，以至于长大以后难以处理人际关系和适应社会生活。人的一生都在探索和失败中吸取教训从而创造未来。一旦对失败的恐惧感根植于心，在面对困难时，孩子的内心会响起一种自我否定的声音:“我不会成功的”“这对我来说太难了”“让别人去做吧，别人做得比我好”。当孩子在困难面前失败或止步不前，就不会觉得自己能够成功，也不会去想还有什么别的解决办法。

幸运的是，没有什么是一成不变、积重难返的！我们随时都可以将孩子消极的想法转变成主动积极的冲劲。在这条转变的道路上，你应该更好地陪伴孩子，按照他的节奏来。当孩子收获到的成功的经验越来越多时，他就会不再感到害羞，会变得自信起来。

我的建议

不要给孩子贴标签

即使你觉得孩子内向，也不要因此而无休止地指责他。尤其要注意，不要在亲朋好友面前对孩子的内向害羞喋喋不休。不要责备孩子:“你为什么不能在课堂上积极点儿呢? ”或“去啊，多跟别人玩玩! ”这些话语不仅起不到任何积极作用，相反，还会让孩子产生罪恶感。同样地，不要在不熟悉的人面前讥讽孩子，如果孩子的表哥或表姐在这方面做得很好，你也不要拿孩子和他们去做比较!

相反地，你应该经常赞扬孩子的优点，那些让他变得独特、与众不同的品质。当我们给孩子贴上一个标签时，周围的所有人就极有可能接收到这个信息，并以此来评判孩子。若给孩子贴上“害羞”这个标签，那么孩子身边所有人都会觉得孩子内向害羞。这对孩子来说是种羞辱，他将更难摆脱害羞的困局。当你习惯了孩子身上害羞的标签时，你可能会无意间忽视甚至遗忘孩子，不再征求他的意见，这些都会使孩子愈发觉得自己没有价值。

给予孩子鼓励

避免大包大揽地替孩子做事，或无休止地在孩子身后告诉他会失败；避免对孩子说他将做不好某件事，或是他还太小了，等等。这样做有可能使孩子将害怕着手做事的感觉内化于心，甚至确信自己没有能力去做事、去创造……你有可能在孩子很小的时候就这样做了，只是你没有意识到！如果你在他的摇篮旁边拿着温热的奶瓶守着，在孩子肚子饿了还没来得及呼喊你的时候就把奶嘴塞到孩子的嘴里，孩子会觉得一切都可以不劳而获。同理，当孩子第一次匍匐着爬向自己的玩具，伸手想够到玩具时，你就急切地把玩具塞到他手里，孩子会觉得一切得来不费功夫。

最好放手让孩子自己去做，并且鼓励他："我确定你会成功的。"即使孩子面红耳赤、急得跳脚，与其把他渴望已久的东西直接给他，不如让他自己想出一个能得到它的方法。当你直接递给孩子玩具时，就好比斩断了绊住他前行脚步的荆棘，这就让他失去了因独立解决问题而感受到巨大喜悦的机会。看看那些因自身努力而达成目标的婴儿吧，我们可以从他的眼睛里看到无比骄傲的眼神！当孩子成功时，你就可以欢呼："太棒了！你成功了！"如果这是孩子第一次登上成功的领奖台，那他会感到更自豪！你对他的祝贺就像是全世界颁给他的奖杯！如果孩子要做更冒险的事，如爬到椅子上去取一盒蛋糕，或骑着自行车冲下一个坡，肯定更难以取得成功，你可以评估风险，然后让孩子锻炼自己。如果你特别担心孩子，不放心让他自己独自挑战困难，可以让一个与孩子不那么熟悉的人，如家里的亲戚或朋友来代劳看护。这样，你的孩子就会获得自主能力。

不要对孩子评价过高

如果你的孩子很害羞，而你一直反复说他是最漂亮、最聪明的，尤其当他什么都还没有做或被别人羞辱时你还这样说，孩子最终会怀疑自己的真实能力！还是等你的孩子切切实实地取得了一项成就（体能上的、情感上的、学业上的）时再祝贺他吧，即使那只是很小的成就。

你也可以设置一些适合他这个年龄段的小小的挑战，如让孩子自己挑选要穿的衣服、打扫厨房、摆放餐具，等等。如果他搞砸了，如打碎了一个玻璃杯，你应该告诉孩子，他下次会做好的。你应该要强调他做得好的部分，可以这样说："在杯子掉到地上之前你几乎就要成功了，这很棒！下次记得用两只手拿好杯子。"

不要对孩子有过高的评价，你的评价应该基于事实，你所称赞的内容要与孩子完成的事一致。当孩子明确知道自己擅长做的事时，他在着手做事时就会少一些恐惧，并且逐渐认识到自己的能力和价值，同时获得自信心。如果孩子有一些不愉快的经历，你应该教他从中吸取经验，让他认识到导致失败的原因是什么。懂得失败的前因后果能够使孩子不再对失败耿耿于怀。

注意不要因期待过高而导致失败

有一些父母非常希望训练子女在生活中的所有领域都当冠军。他们的孩子也没有别的选择，只能非常优秀，否则他们会认为自己将失去来自父母的爱。当孩子具有很强的好胜心时，会很喜欢这种做法，并且在父母的种种要求下还会追求自我超越。

但是，我们经常能看到一些因为父母的期待而紧张不已的小家伙。这些期待有时是对孩子体能上的期待，如希望孩子拥有一项体育特长；有时是对孩子学业上的期待，如希望孩子的学习成绩好。祝贺孩子取得了好成绩是一回事，但一味要求孩子考得更好或总是暗示别的孩子考得更好则会打击他的自尊心。你的小战士有可能会让自己失败，以此来逃避你的高要求，就像是我们会为了呼吸清新的空气而逃离城市去往乡下休养一般。孩子的潜意识还会获取这样一个信息：他没有达到你的期待，所以他随时都可能被你抛弃。如果连你都会抛弃他，那别人更会抛弃他。

如果你是这种类型的家长，花点儿时间扪心自问：你的孩子背负着你的哪些期待？我们所有人的脑海中都有一个想象出来的完美孩子，这个孩子将按照我们希望的样子长大，在我们失败过或在我们觉得理应成功的地方成功。但是大多数时候，我们现实中的孩子与想象中的孩子不一样。我们想要个男孩，却得到一个女孩；我们想要一个运动健将，却得到一个梦想家；我们想得到一位艺术家，却得到眼前这个五大三粗的小莽汉……

请你想一想：在孩子降临之前，你的期待是什么？而到了今天，你的期待又是什么？你现实中的孩子与你想象中的孩子是不是不一样？那么，是时候挥挥手告别你想象中的完美小孩，并且接受你眼前的这个孩子了，接受他的弱点，接受他的强项，接受这个独一无二的孩子。

积极的想象力练习

为了让孩子更自信

我的信心之石

下面是一个可以让孩子更有自信心的练习。他将想象自己拥有一块信心之石。每当孩子进行这种想象力练习时，他就会感受到自信心在体内增强。孩子的潜意识会将他的想象（石头）和一种积极的情绪（他的信心）联系起来。孩子越重复这个练习，自信心就越能得到增强。

当孩子成功地完成了对石头的想象力练习后，你也可以让孩子把石头画下来，将画保存下来或者挂在他房间的显眼位置，来表明他的生命中曾经出现过这种积极的改变。有时，当孩子们向我描述他们的石头时，我会给他们展示我放在工作室里的一些石头。如果有一块很像他脑海里的信心之石，我会把石头送给他。孩子会把得到的石头放在床头柜上或放在外套口袋里，以便时不时地摸一下，这样可以回忆起这块石头带给他的力量，也回忆起自己拥有的自信心。你也可以这么做，比如去一家卖石头的商店，让孩子挑选一块与他想象中的信心之石相像的石头。

孩子应感受到被这块石头所“召唤”。如果没有产生这种被“召唤”的感觉，最好还是坚持进行想象力练习。告诉孩子，这种想象力练习与真正的石头同样有效，你可以这样说：

◆ 闭上眼睛，想象你能想到的最美丽的石头。它也许很大、也许很小；有可能是尖的，也可能是圆的；它可能就是一块普通小石头，也可能是我们在首饰上看到的那种宝石。总之，这是一块神奇的石头，是一块属于你的有魔力的石头。

◆ 当你看到这块石头时，可以向我描述它的颜色和形状。

给孩子一些时间进行想象。

◆ 好了，现在把这块石头放在你的手里。如果孩子的信心之石太大，要求他缩小石头：“让石头变得刚好能放在你的手里。”

◆ 感受这块神奇的石头，它会给你带来更多的信心。也许你会感受到这块石头在跟你说话，它有没有改变颜色，或改变温度，在它给你提供你所需要的信心时，它有没有在你手心跳动？你怎样评价这块石头？

等待孩子的回答。

◆ 太棒了！现在你的生命里拥有了这块神奇的石头，真是太美妙了！每次当你需要信心的时候，就可以召唤石头，你的石头会跳动（或根据孩子对石头的描述来跟孩子对话，孩子想象里的石头会发生积极的变化，如发光、发热、变换颜色等等）。即使你忘记召唤石头，你身体里无所不知的那个部分也会召唤它，让你感受到身体里的信心在增长。每当你有需要的时候，都会发生这种变化。像这样，你就会感觉到自信心越来越强了。

使孩子重拾信心的故事

旋风旋转木马的银环

所有孩子都喜欢坐旋转木马。西蒙对其中一种旋转木马情有独钟。西蒙现在已经长大了，但他很喜欢讲他小时候，像你现在这么大的时候玩旋风旋转木马的故事。就算你曾经玩过一些旋转木马，你也不可能全部都玩过，因为旋转木马的种类非常多。西蒙已经坐过战马形的、船形的、神奇飞毯和其他一些样子的旋转木马，但是最吸引他的，是鼎鼎大名的旋风旋转木马。

从外表来看，这个旋转木马没有任何的特别之处。这是一个以正常速度旋转的平台，孩子们就坐在平台上那些五颜六色的凳子上。每个凳子旁边都有一根荧光柱，孩子们可以用手握着。有趣的是，所有孩子的眼睛都死死地盯着一样东西——顶棚旁边悬挂着的银色圆环。因为，如果站在凳子上一跃而起，最后能够摘下银环的人可以免费坐两次旋转木马。这太不容易做到了，大家都梦想着能够摘下银环。

摘下旋风旋转木马的银环变成了村子里的孩子都爱的挑战，大家都希望至少能摘下 1 次。但是有些孩子，像比利，居然摘到过 10 次！西蒙也想像他那样，但是他还从来没有摘到过。他试了很多次，但是他连银环的边儿都没摸到过。一开始他很懊恼，他觉得自己个头太小了，根本够不到。有时，他会哭着叹息，觉得自己什么都做不好。后来，他甚至觉得自己永远也不会成功。

他觉得这不公平。

他想：“为什么别人都可以，就我不行？”

他的父母安慰他：“你会成功的！”西蒙越来越怀疑自己。西蒙心想：比利最近又赢了，还过来讥笑我，很快大家都会嘲笑我了。

有一天，学校里一个比西蒙个头还小的孩子一连好几次都摘下了那个神奇的银环。西蒙非常震惊：“他比我更弱小，还没有我高，但是他却成功了，他肯定有什么诀窍！”他仔细观察着那个孩子，想知道他的技巧。他发现，那个小家伙站在了凳子的螺栓上，以此弥补自己差的那几厘米。这是西蒙之前从来没有注意过的一颗螺栓，是一颗所有凳子上都有的螺栓！

西蒙发现了一个秘密：他明白了，每个人都应该根据自己的优势找到适合自己的方法。

对于西蒙来说，他的长处是善于观察。他仔细观察旋转木马，在心里计算旋转的速度、银环的高度和他跳起来的高度。这一次他带着信心，又一次跳了起来。

他起跳的时机刚刚好，跳到了恰好能摘到银环的准确高度。“我做到了！”他喊道，他是那么自豪！随后，大家都争相模仿他。西蒙把自己领悟的道理告诉大家：“每个人身上都有能让自己达成目标的优势。你们应当寻找适合自己的方法，你们也会发现属于自己的优势。”

现在西蒙已经长大了，每次当他经过旋风旋转木马时，他都会注意到那些无法摘到银环的孩子们。他给孩子们打气：“寻找能让你成功的优势，你会成功的。”

03 孩子尿床

理解孩子身上发生了什么

一般来说，当孩子大约两岁时，就可以在白天自己控制大小便。至于控制夜间的小便，则要等到 3~5 岁。如果你的孩子还没有达到这样的生理成熟度，完全没必要惊慌失措，有些孩子需要等到更大年龄才能达到这个程度。如果孩子偶尔憋不住，也无须惊慌，因为适应的过程也是有快有慢的。只有当尿床很频繁——连续 3 个月或 3 个月以上，每周至少尿床 2 次时，我们才将其称为夜间遗尿。研究表明，这种生理发育上的迟缓更多发生在男孩身上。

一种非自愿的邋遢

不要认为你的孩子是故意这样做的。虽然你已经跟他说过很多遍“晚上睡觉时不要尿床”，但只要孩子睡着了，就会不知不觉地尿出来。大部分情况下，当膀胱鼓胀时，就会传递一个“需要清空”的信号到大脑，有一些孩子接收不到这种信号，要么是因为他们睡得太沉没有意识到自己有尿意，要么是因为他们的排尿反射尚未发育完善。如果孩子到了 6 岁依然夜间遗尿，或者白天也有尿裤子的情况发生，那么就需要带他去找儿科医生问诊，以便发现可能存在的器质性问题。

有指向含义的行为

如果孩子已经连续 6 个月以上不尿床但忽然又开始尿床，这种紊乱可能是由某种变故导致的，如祖父母的离世、与父母的分离、感情上受到了打击、上学导致的焦躁或与朋友的争吵。这种类型的夜间遗尿一般出现在 5~8 岁的孩子身上，甚至在年龄更大的孩子身上也会出现这种症状。

在这种情况下，孩子通过尿床的行为反映出生活中的某件事情出了问题，例如，他可能感受到了来自学校或家里的某种压力。白天，孩子觉得自己必须让一切都处于掌控之中。到了夜间，他的潜意识就会开始享受夜间的宁静，完全放松下来，尿床就发生了。如果家里新添了一个小弟弟或小妹妹，之前已经不尿床的孩子有可能重新开始尿床，就跟他刚刚出生的弟弟或妹妹一样。这是一种表达感受的方式，用以表明自己也是个孩子，需要被疼爱。如果是这样的话，你应该专门抽出时间，什么都不干，只是陪着孩子，使他安心、给他爱抚。告诉他，你对于他已经长大了这件事感到多么的自豪。

我的建议

有时候，制定一些非常简单的生活规则就能够帮助孩子形成良好的作息习惯。例如，可以把吃晚餐的时间提前一点儿，然后让孩子睡前去一次厕所，去完厕所就不要再喝水了。如果你的孩子年龄更大一些，习惯睡前阅读半小时，那么在关灯前，可以让孩子坐在马桶上看会儿书，把小便排完了再去睡觉。

更多的自主权

为了不让你的孩子忍受小便不受控制所带来的煎熬，你需要帮助他变得更加自主，养成起床后或睡觉前都上厕所的习惯。你不需要半夜叫醒孩子去厕所，因为这样可能会打扰他的睡眠。如果你不愿意给孩子穿纸尿裤，可以在孩子床上铺一层隔尿垫，这样如果孩子尿床了，他可以自己拿掉隔尿垫继续睡觉。告诉孩子，你在他身旁放了一套干净的睡衣和毛巾，如果半夜他发现尿床了，可以自己取来用。有些孩子很怕黑，但还是坚持半夜自己去上厕所，一盏放在床头柜上的小夜灯应该能够给他勇气。你也可以考虑给孩子一把夜壶，这更方便。

不要批评孩子

如果孩子超过 6 岁还长期尿床，他会为自己没能控制好小便而感到羞愧，他的自信心会随着时间的推移而动摇。孩子会怀疑自己还能不能做得到不尿床。你可以告诉孩子，没有任何成年人会尿床，总有一天他将像所有人一样不再尿床，他只是需要更多时间去改变。绝对不要让孩子产生负罪感，不要对孩子说："都怪你，我还要再洗一遍床单。""你给我惹的麻烦还不够多么！"或者是善意地打趣孩子是个"尿床鬼"或"小宝宝"，这样的嘲讽只会进一步削弱孩子的信心，不会帮他克服尿床难题。

帮助孩子重拾信心

如果你或你的伴侣小时候曾经尿床（研究表明，如果孩子的父母至少有一人曾经尿床，那么孩子有很大概率也会尿床，这是很正常的），你可以用平淡的语气对他说："你看，我以前也尿过床。现在我已经很久没有尿过床了！你也会成功的。"做一个小日历，把每个没有尿床的夜晚都标记下来，可以用笑脸或太阳的图案来标记。用另一种图案标记尿床了的夜晚，比如用雨滴或一个叉来表示。如果孩子想用别的图案，就让他自己选择喜欢的图案，这样孩子就会用心在日历上做记录。如果孩子持续尿床，这种记录方式很有用，因为你可以把日历拿给医生看，医生可以根据这些日常记录来做出诊断。尤其不要忘记每次孩子在日历上记录了笑脸或太阳的时候，对孩子表示祝贺！

积极的想象力练习

为了不再尿床

密封的水壶

这个想象力练习使用了类比法。膀胱就像一只装满水的水壶，晚上的时候我们就让它保持密封状态，只有在早晨或白天，当我们想要的时候，才能让液体流出来。

◆ 让孩子想象一个水壶（具体到水壶的形状、颜色，水壶上的图案或亮片，水壶上印上孩子喜欢的明星的照片或者是一个卡通人物形象等，这些特征能让所有人知道这个水壶是属于孩子自己的），水壶的一侧有刻度，可以看到里面盛了多少液体。

◆ 询问孩子，当水壶盛水到什么程度时需要被倒空？是快要满的时候还是全部满了的时候？如果我们不将水倒空，又忘记将水壶的盖子拧紧，水就会洒出来。

◆ 提醒孩子，他曾经有过忘记把水壶盖好，水在不合适的时间洒出来的情况，把水弄洒真让人烦恼。但是，从今以后，他会养成把盖子拧好的习惯，这样水就再也不会洒出来了。

◆ 告诉孩子，当他数到3，就能完全将盖子拧紧了，也可以让他真的做出拧紧的动作。当孩子做出拧紧的动作时，告诉他，身体里无所不知的那个部分已经理解了，从此以后，他的水壶就会密封得很好了。

◆ 一旦水壶密封好了，让孩子做一个手势，告诉你盖好了。他可以想象，将水壶翻来倒去，水壶里面的液体也不会漏出来。

◆ 可以建议孩子想象自己每晚都把他的水壶放在身旁的床头柜上，在睡觉前去过厕所之后，就将盖子拧好。这样他就可以安稳地睡去，而他身体里无所不知的部分理解了这意味着什么，整晚都尽力看守着水壶，让它处于关闭状态。

增强自我控制力的故事

财政大臣的空钱袋

奥古斯汀是费米达王国最好的财政大臣。他趴在巨大的财务账本上工作，在方格纸上面，他把所有的数字都排列整齐。在费米达王国，有一整支财务师队伍供他差遣。他比所有人都聪明，他是加减法大师。所以国王派他去执行一项顶级重要的任务：给公主送去一个装有20枚金币的钱袋。国王的女儿已成婚，住在一个遥远的地方。奥古斯汀很开心，这趟为期3天的出行对他而言简直是一个美妙的假期！他将乘坐一辆马车出发——在那个时代，带发动机的汽车还没有出现。

奥古斯汀把20枚美丽的金币轻轻放在王后准备的一

个精美绝伦的钱袋里。钱袋由闪闪发光的紫色——也就是费米达王国国徽的颜色——的丝绒缝制而成，收口处点缀着细小的钻石，还有两条带子，需要打个结才能把钱袋完全系紧。奥古斯汀觉得这个钱袋与装在钱袋里的20枚金币一样美。他觉得国王的女儿非常幸运，因为她有如此关心她的父母。

第二天早晨，驱着紫色马车的骑士来到奥古斯汀家门口，等待和奥古斯汀一起启程。奥古斯汀为自己被挑选成为国王钱袋的守护者而感到非常自豪。旅途有点儿漫长，但是，在每个驿站，这位财政大臣都会仔细检查他的宝贝是否完好无损。他会将金币倒出来，无比熟练地数一遍，再放回钱袋，系上带子。

旅程的第一天晚上，一行人在一个美丽的小村庄里的一间旅舍落脚，奥古斯汀睡得很安稳，他完全放松下来，睡得像个婴儿。早上，他坐在马车里开始数金币，让他非常吃惊的是，只数出来18枚！有人在他睡着时偷走了金币！这让他心烦意乱。国王和王后都对他寄予了很大的信任，他本应交给公主20枚金币，一枚都不能少。这一天，旅途对奥古斯汀来说不再惬意了，他很忧虑。

第二天晚上，经过一天的车马劳顿，他们在一家旅馆过夜。为了不被打扰，奥古斯汀住在旅馆的顶层。关灯之后，他心里想着一定要彻夜保持清醒来守好钱袋，但是旅途的疲倦让他无法控制自己，他沉沉地睡了一整晚。早上，他又数了一遍金币：又少了两枚！他想，金币肯定是在他睡着时掉进了床缝里，他本应该更加小心的！国王和王后会说什么呢？奥古斯汀几乎要哭了出来，他一直以来都是一个追求完美的人啊！

第三天白天，他们第一次停下来休息，当他下马车时，钱袋在他的裤子口袋里翻倒了。他很心烦，把钱袋从裤子口袋里掏了出来，钱袋已经空了。他从口袋里将金币一枚一枚拿出来，数了一遍，又数了一遍，他惊呆了，口袋里面有20枚金币！就在那一刻，奥古斯汀明白了，之前，他并没有将钱袋的带子系紧，就这么简单！前两晚，有几枚金币在他没有发觉时掉了出来。

在接下来的夜晚，奥古斯汀将钱袋的带子牢牢地系紧。这一夜，他睡得很香，醒来时神清气爽。早上他将钱袋里的金币都倒出来时，奥古斯汀非常高兴，这一次，二十枚金币全部都在，一枚都不少。

几小时后，钱袋被交到了年轻的公主手中。她热情地感谢奥古斯汀为自己奔波千里。在返回费米达之前，财政大臣根据自己的波折经历给了公主一个建议：在每次使用钱袋后，要牢牢系紧钱袋的带子。

这样一来，公主也会每晚高枕无忧。

04 孩子有睡眠问题

理解孩子身上发生了什么

我们知道，孩子需要良好的睡眠。良好的睡眠是孩子成长的必要条件，在睡眠状态下，身体分泌的激素会促进孩子的生长。但是，许多孩子在成长阶段都会出现睡眠问题。问题要么出在入睡过程（参见本书“孩子怕黑，怕怪物”部分提及的内容），要么就是夜晚睡着以后做噩梦或夜惊。

睡眠的不同阶段

为了充分了解这两种问题的区别，首先我们应当了解睡眠的不同阶段。

睡眠由 5 个阶段组成，这 5 个阶段会多次循环往复。第一阶段是入睡期；第二阶段是浅睡期；第三阶段是熟睡期；第四阶段是深睡期，此时脑部的活动减少，大脑主要进行慢波活动，肌肉完全放松。最后一个阶段称为“快速眼动期”，持续大约20分钟，大脑出现强烈活动，导致快速的眼球活动，眼球活动的剧烈程度取决于梦的强度。此时，身体的其他部位是放松的，但相反地，大脑接近清醒状态。这个阶段随着夜晚渐深而逐渐延长，最后的这个阶段在睡眠过程中尤为重要。一般说来，一个晚上我们会经历好几次这种循环，每一次循环周期大约为90分钟。

噩梦

如果你的孩子做噩梦，你要明白这是一种正常现象，在成年人身上也会出现。当夜幕降临，但大脑活动异常活跃时，人就开始做梦了，噩梦尤其容易在快速眼动期出现。孩子从1岁开始就会被噩梦所折磨，2~5岁的孩子会经常做噩梦，5岁以后会好转，在10岁左右噩梦又会卷土重来。

焦虑是如何作用于孩子的

白天，在阅读图书或看电影，如阅读关于龙的图画书或者看关于大灰狼的动画片之后，孩子的潜意识会将日间的恐惧集中起来，导致噩梦。日常生活中的家庭冲突，如爸爸提高嗓门喊他，哥哥动手打他等也会导致夜间做噩梦。

当孩子经历一些重要的阶段——如返校、搬家、弟弟妹妹诞生时，焦虑在夜晚影响孩子是很正常的。多亏了这些噩梦，孩子可以将压力释放出去，应对人生变化阶段产生的冲突、质疑和沮丧。因此，孩子从噩梦中惊醒时惊恐万分、害怕回忆起噩梦、半夜尖叫呼唤你……这些行为都是可以理解的了。

夜惊

夜惊不同于做噩梦，孩子会在睡眠过程中持续喊叫、踢打，持续几分钟至 20 分钟不等。一般来说，当孩子醒来时，已经不记得此前为什么害怕了。这种现象大多会在刚刚入睡的阶段和第四阶段深睡期出现。

孩子仍然“在梦游”

人们有时很难想象，当父母揪心地看着自己的孩子由于恐惧而面部扭曲、回答问题时双眼圆睁、意识却不知在何处时，内心有多煎熬。其实，那个时候孩子仍在梦中，而且即使他的眼睛睁着，对他来说，你也像是不存在的。这有点儿像梦游者——身体在现实世界中活动，而思维却停留在梦中。这种症状通常在孩子经历痛苦、感到忧虑时出现，12 岁以后就会完全消失。

我的建议——当孩子做了噩梦之后

让孩子冷静下来

如果你听到孩子做噩梦时尖叫哭泣，很有可能他之前为了得到安抚已经呼唤过你。你最好到他的房间看看，抱着他，用轻柔的、平静的声音说话，不要使气氛变得紧张（即使孩子经常做噩梦）。要知道，让孩子感受到你的焦虑只会让他半夜呼唤你的次数变得更多。

谈论噩梦，区分梦境与现实

让孩子给你讲讲他做的噩梦，以此来让他分清楚现实与梦境。在孩子逐渐恢复平静的过程中给他持续的安抚，他便会重新睡着，第二天白天再跟他谈论噩梦。如果噩梦与一部电影或一本书有关，可以与孩子重新看一遍令他害怕的部分，并告诉他：处于他这个年龄的孩子感到害怕、做噩梦是很正常的。从3岁起，孩子就能够将想象中的恐怖图像与现实区分开来。他知道自己在梦中所经历的并不是实际存在的，但是脑海中的图像使他害怕，他担心如果再次睡着又将看到那一幕幕恐怖的图像。

摆脱噩梦

如果孩子到了会画画的年龄，可以让孩子把自己的噩梦画出来，这样可以让他与自己害怕的事物拉开距离，使他的噩梦变得更加清晰。然后，他就可以通过将画撕掉或扔掉的方法来使噩梦消失，就像我们把一些再也不想看见的东西丢掉一样（只有孩子同意才可以这样做）。伴随着这个动作，你还可以说一句“好了，这下可轻松啦！”或“你看，你做得真好，太棒了！”

如果噩梦是有明确主题的，反映的是孩子经历的事情，如和家里的兄弟姐妹发生冲突、产生嫉妒；或家里刚刚经历过的令人紧张的事情，如搬家、生病、亲人离世等等，可以把所有让孩子感觉难受的事情都谈论一遍，并且告诉他：“现在一切都好了，或者以后一切都会变好的。”

预防噩梦的诀窍

制作一些能够帮助孩子的“小玩意儿”，如“印第安捕梦网”，你可以亲自做一个，告诉孩子捕梦网可以将噩梦挡在外面，让孩子安心睡觉；另一个方法是在一张纸上写上“晚安”，再画上一幅美丽的画，它就像一个护身符一样，孩子可以把它放在枕头下面或者放在床头柜上。

我的建议——当孩子发生夜惊之后

不要叫醒孩子

当你听到孩子尖叫或哭泣，如果你发现他依然处于睡着的状态，待在他身边，不要叫醒他，低声告诉他，你在他身边。即使他的意识还在另一个时空里，你的出现也会让他感到安慰。不要叫醒孩子问他发生了什么事，在经历了夜惊之后，你的孩子会重新睡去，就像什么都没有发生一样。早上，他什么都不记得，你可以告诉他，他昨晚做噩梦了，你来到他身边看着他，在他恢复平静的过程中你一直都待在他身边守护着。

不要勉强孩子说出来

如果孩子想不起来自己的噩梦（夜惊的孩子通常都回忆不起来发生过什么），不要去勉强。你的勉强可能被错误解读，让孩子产生困惑：妈妈为什么焦虑？为什么我什么都想不起来了？

如果夜惊的问题反复出现，你需要留心孩子是不是一切正常，留心孩子与朋友交往的情况，在学校的情况等等。鼓励他讲出自己平时的苦恼，跟你讲出来，就能让问题得到缓解，能够让孩子重新找回安眠。

积极的想象力练习

为了过滤梦境

我的睡眠球

这个想象力练习能够在孩子周围制造一个“睡眠球”，这样孩子就能感到整晚都被保护着，可以睡得安稳。潜意识在孩子周围制造了一个安全舒适的空间，这个空间能让孩子感到安心，可以安抚孩子的情绪。当你陪伴孩子躺下时，你只需要跟孩子轻声说：“进到你的睡眠球里去吧”，并告诉他，无所不知的那个部分会整晚照料一切，它会准备好睡眠球，而睡眠球会将噩梦挡在外面，让他睡得很好。

◆ 闭上眼睛，想象有一个球包围着你，在你睡着时整夜保护着你。想象这个球按照你想要的速度向你飘来，也许它来得很快，也许它来得很慢，这都不重要，我们有的是时间！当球过来了，看看它里面是空气还是水蒸气，它是像一个肥皂泡还是像其他什么东西。

等待孩子的回答。

◆ 当他看到了这个球，加上一句：“也许你看到了它的颜色？它是蓝色的、白色的、金色的，或者是别的什么颜色的？（孩子也许告诉你球的颜色，也许不说）这个球会保护你，会整晚负责让你睡得香甜，这实在是太棒了。这个球会把所有不好的梦过滤掉，这样你就能享受美梦，就会很高兴。其他的梦会留在球外，甚至你都不会发觉它们的存在。多亏了你的睡眠球，你会像现在这样，每天晚上安安稳稳地睡觉了。”

◆ 你身体里无所不知的那一部分会召唤这个让你每晚都睡得安稳的球，它会在早上叫醒你，那时你会感觉精力充沛。每天晚上，即使你忘记了，你身体里无所不知的那个部分也会召唤这个球。这个练习非常实用。

不再害怕噩梦的故事

诺西亚森林里的箭

戈丹是一个非常喜欢问问题的小男孩。“为什么当地球转动时人们不会掉下去？”“既然太阳总会在某个地方发光，那为什么到了夜晚，我们就看不到太阳呢？”对于这些问题，戈丹的父母都一一告诉他答案。

然而，当他们的孩子提到诺西亚森林的时候，他们却不知应该如何回答。这让戈丹很吃惊：为什么没有人能告诉他诺西亚森林发生了什么？这非常奇怪，诺西亚森林有什么神奇之处？当村民们从诺西亚森林回来以后，他们都又惊又喜，他们说可以在诺西亚森林找到他们需要的一切。一个朋友告诉他："诺西亚森林就像是一个充满想法和主意的大市场。"有些人会带着有趣的想法、解决问题的方法和发明回家。

戈丹——一个聪明且对所有事情充满好奇心的孩子——使尽浑身解数请求父母带他去诺西亚森林。有一天，父母终于答应了他的请求。戈丹终于来到了诺西亚森林，他看到大树、大树，一望无际的大树，当然，也有别的植物。没有任何特别的事情发生，他觉得很失望，直到有一支箭擦着他的肩膀飞了过去。

戈丹飞快地逃开了，逃到父母身边。他气喘吁吁，心怦怦地跳个不停，非常害怕。他再也不想回到那个倒霉的地方去了。

戈丹对那支箭记忆深刻。第二天，戈丹对父母说了箭的事，父母觉得是时候该让戈丹知道了：虽然诺西亚森林有时会让人害怕，但是，如果没有这片森林，世界将不再有创造力，也不会再有新鲜事物。

戈丹的父亲说，在和戈丹现在差不多年纪的时候，他曾经在诺西亚森林碰到过一支小一些的箭，戈丹的母亲小时候也碰到过。"不需要害怕这支箭，"他的父母解释道，"即使这些箭一开始有点吓人，但只要过一会儿，你就会忘记它们，就可以享受森林的好的那一面了。"

戈丹想：为什么没有人问问这些箭是从哪儿来的？大

家仅仅是接受它的存在。仅仅是接受而没有疑问，这对戈丹来说是不够的，在听了父母的解释之后他的好奇心变得更强烈了。当天，他决定独自一人返回森林。他给自己准备了一盏小夜灯，因为诺西亚森林总是阴森森的。他深吸了一口气，进入了这片未知的森林。

也许你会以为他很害怕。但是如此渴求发现的他，就像大人一样，希望发现好的主意、新的想法。

戈丹进入森林的深处，森林就好像在熟睡，一切都非常寂静，没有一丝声响。夜灯的光芒指引他前进的脚步，他走得很轻、很慢。他开始放松下来，发现森林里的植物的每一根枝丫都非常舒展，姿态非常放松，动物们都在睡觉。

突然，当戈丹毫无防备的时候，一支箭贴着他的右耳飞过去，射在不远处的一棵树上。他克服了自己的恐惧，向那棵树跑去。就在那时，他的头脑中浮现出第一个想法：他要呼喊向他射箭的那个人！他喊得那么大声，以至于引来了第二支箭，利箭掠过他的右腿，射在更远的一棵树上。不知为何，他的头脑里已经出现了很多想法，这些想法引领着他向一处花团锦簇的地方奔去。他拨开那些花，发现了向他射箭的森林精灵。这些精灵很可爱，个头很小，脸蛋胖嘟嘟的，戴着一顶小巧的花帽子。

小精灵们向他解释道，他们把自己隐藏起来，是不想吓到别人。他们射箭是为了指引人们找到自己内心深处的路。对每个人来说，这条路都是不一样的。

他们为戈丹庆祝了一番，因为这是第一次有人类小孩有如此大的勇气来到诺西亚森林，并且找到森林精灵们。戈丹告诉所有人这个秘密，但别人说他是在做梦，戈丹知道自己说的是实话，他确实见到了那些可爱的小精灵。现在，他可以毫无畏惧地返回诺西亚森林了。

他知道，自己将不再害怕诺西亚森林，无论有没有箭的指引，他都将找到自己想要找寻的东西。

05 当父母分开了

理解孩子身上发生了什么

对任何一个家庭来说，父母的分居或离异都是一场严峻考验。这是一件令人神经紧张的事情，在最终决定做出之前，夫妻之间可能经历了一段时间的怀疑、争执、愤怒、哭泣等等。如果是这种情况，这种决定反倒可能让所有人都松一口气。但是，即使分开的决定宣告了夫妻关系的结束，做出决定的这段时间依然会伴随着痛苦的情感：夫妻双方中的一方可能会感觉被抛弃、被背叛、被甩在后面，或者感觉自己是有罪的，或者感觉自己很可怜、很可悲。孩子度过这段痛苦经历所需要的时间取决于父母的自愈能力，有可能需要几个月到几年的时间。

孩子感到无助，这是正常的

孩子会受到父母的情绪影响。父母若能经受住这场考验，对于孩子顺利渡过难关来说是十分重要的。当父母即将分开的事情变得确凿无疑，孩子会感觉自己的世界正在崩塌，这种感受是很正常的。成千上万个问题一齐涌入孩子的脑袋里："我会变成什么样子？""我还能从这种悲伤中走出来吗？""我还有希望爱别人或者被别人爱吗？"等等。父母离婚就像痛苦的折磨和沉重的负担，它把孩子眼前的路越变越窄，甚至封死。

告诉孩子：你可以走出困境，而且还能过得比以前更好

令人遗憾的是，父母通常不会把这种考验当作开启新生活的机会。其实，利用这段经历重塑自我，可以令自身得到积极的改变，给生活指引一条新的道路。这是一个自我反思的时刻，理解自己为什么选择了这个人，问问自己是不是曾经有过类似的经历，避免今后犯同样的错误，未来要选择一位更适合一起生活的人。思考所有这些问题可以把生活的缰绳牢牢地掌握在自己的手中，而不是让自己感觉像个受害者。度过这样的人生转折点所获得的教训，不仅对你有好处，也对孩子很有益处，这其实是一堂非常重要的人生课。当孩子走出困境时，这份经历成就了自我的积极转变。潜意识会记录下来：即使眼前的困难看上去难以克服，但最终，人们都会脱离困境，并且还有可能比以前过得更好。

没有所谓的“最佳离婚时机”

对于大多数孩子来说，父母的分离是很难接受的，但并非必然造成精神创伤。孩子可能会出现行为退步，可能会表现出悲伤、紧张的情绪，或不再听话，以此要求父母更多的陪伴。我的一些同行认为，孩子最敏感的阶段是6岁以前和青春期，避开这一段时间，对孩子会比较好。而我认为，不存在所谓的最佳离婚时机，如果非要等待一个最佳时机，那么这段等待的时间内你最好慎重考虑：是不是没有复合的可能，是不是非离不可。这一点非常重要，如果你对孩子宣告了你们将要离婚，但最终却没有离，对孩子造成的伤害也是巨大的。

不论孩子几岁，他们都需要得到父母的关心，在父母的支持下理解眼前发生的事情。如果你依照下文中给出的建议做了之后，你的孩子依然表现出不适，而你也无法同时兼顾离婚和照顾孩子，不要犹豫，请寻求心理咨询师的帮助。

我的建议

告诉孩子发生了什么

如果你已经做出了决定，不会再改变，那么将决定告知你的孩子。有些父母认为孩子年龄太小，不会懂得。但你要确信，孩子是有“感应天线”的，他们会捕捉一家人的所有情绪！因此，最好还是告诉他真相。他会感受到家里出了一些事，这时，如果你说“一切都很好”或“没有什么事情”，你传递的语言信息与他接收到的信息不匹配，会让孩子心生困惑。更为严重的话，孩子有可能不再信任自己的感受——我觉得爸爸妈妈都很难过，但是他们说不是这样的，所以我不应该相信自己的感受。

因此，如果你们确定要结束这段关系，或者如果孩子问起，最好告诉他你们确实是要分开了。如果你能和另一半一起告诉孩子，这样就更好。如果你还有其他孩子，就同时告诉他们。不要让孩子以为你们还有可能和好，如不要对孩子说“也许之后我们会重归于好，我们再看看”，孩子需要明确的信息，如果所有的事情都清楚明了，他处理起困难来会更容易。孩子最终将能够做到向那个曾经生活过的家告别。需要注意的是，不要追究另一方的责任，如不要对孩子说“这些都是因为你的父亲”或“你母亲想让我走”。不应该由孩子来处理父母的情绪问题，在这种时候，他光是要处理自己的情绪问题就已经够麻烦的了。

倾听孩子的感受，帮助孩子说出来

没有必要把你和另一半的分歧讲给孩子听，分离的真正原因只需要两个成年人知道。用简单的、孩子能听懂的语言告诉他事实，没必要去描述细节。鼓励（不是强迫）你的孩子说出自己的感受。你的孩子有可能会哭，会告诉你他很难过，这时候，不要低估他的情绪，也不要否定他的情绪，相反地，要去接受这些情绪。告诉他，对一个孩子来说，在这种情况下感到悲伤或生气都是正常的。一旦用语言表达出这些情绪，孩子和他内心的害怕和痛苦将会拉开距离，这有助于孩子平稳度过这段时光。

让孩子摆脱负罪感

不要给孩子讲你们分手的细节。孩子只需要知道，你们分手的原因与他没有直接的关系。只需要说，你们俩不可能再在一起生活了，你决定与另一半分开生活，这样两个人都能过得舒心一些。特别需要嘱咐孩子："你和这事绝对没有一点关系，这是我们大人之间的事。"这句话可以消除孩子的负罪感，因为他们倾向于认为父母的分手是因为自己做得不好。孩子有可能在很长一段时间都有这种负罪感。孩子也有可能在这时或晚些时候问你，他能否做点什么让你和另一半和好。明确地告诉孩子，他什么也做不了，因为这是父母之间的问题。

你还可以告诉孩子，在这世界上，有些孩子的父母可能会分开，因为他们可能没有那么爱对方了。但是孩子是父母共同创造的，即便父母分开了，他们也都永远将孩子视若珍宝。孩子需要这样肯定的态度。他需要知道，他将永远被父母爱着，他不会被爱抛弃。如果孩子问你关于他未来生活状态的问题，如他会跟谁住在一起，你应该给他明确的答复，最好与另一位家长达成一致。对于涉及父母双方的事，双方应当找到一种彼此都认同的处理方法。

不要增加其他改变

父母宣布马上或今后要离婚的消息对孩子来讲已经是晴天霹雳了，因此，要避免对孩子的生活做出其他的改变。尽量让孩子在接下来几个月内的作息保持不变，如果可以，在接下来的几个月内不要给孩子换学校，如果非换不可，也要等到下学期开学时再换。

维持与前任的联系

需要强调的是，即使你很难克制，也请尽量不要说前任的坏话。无论你的伴侣做了什么，都不应在孩子眼中被贬低为既邪恶又危险的人。把你的悲伤或愤怒留给亲近的朋友，或者向你的心理咨询师倾诉。应该让你的孩子定期见到另外一方（父亲或者母亲）。当遇到有关孩子的问题时，父母应该一起交流想法。这种积极的做法可以让孩子感受到他一直是父母关注的重心，涉及他的决定永远是父母两个人一起做的。

不要撒谎

当孩子问你是否悲伤，如实回答他，不要沉浸在自己的情绪里。如果你当着孩子的面哭了起来，孩子会了解你的感受。孩子比我们想象的更能理解情绪。当你感觉不好时，没有必要对他撒谎，或说“不，一切都很好”。为了让孩子安心，你可以告诉孩子：“这是一个过程。在生活中，我们会经历一些艰难的时刻，但是此后，我们会活得更开心。”让孩子设想，或者你自己设想将来的幸福场景：和朋友们一起出去玩，一年庆祝两次生日，下一个假期你们一起去看一场不错的电影，等等。设想这些生活中的幸福时刻可以让孩子更好地从父母离婚的阴影里走出来。

积极的想象力练习

为了积极地设想未来

我的未来之门

这个练习能够帮助孩子用积极的方法对不久的未来进行想象：玩耍、和朋友们一起庆祝生日、和你一起度假、和祖父母一起过国王饼节。想象未来的一个月、三个月、六个月你们将要一起做的事情。如果你确认孩子之后还会待在现在的房子里，那么想象的地点就在现在的房子里，或另外一个熟悉的地方，如外婆家、学校等。

时间只对我们每天的现实生活有影响，潜意识不会考虑时间，过去、现在和未来对潜意识来说其实不存在。利用这种时间错觉，我们可以向潜意识发送积极的信息，这些信息会在未来发生作用，而它们的根已经植入现在的潜意识。

尽最大可能不要影响孩子。孩子可能会对你说他进行想象力练习之后看到的东西和他正在经历的事情，也可能不会和你说。你可以对孩子说，你之后也会做想象力练习——这对你来说也是一种很好的练习，在这之后，你也可以跟孩子交流你的感受。

◆ 对孩子说："现在闭上眼睛，你可以使用未来之门。这是一扇你可以看见的门。对每个人来说，这扇门都是不一样的。这扇门也许小，也许大，也许闪着光，也许是彩色的或是透明的。这是属于你的未来之门，只有你自己知道。你看到它了吗？"

◆ 如果孩子的回答是肯定的，接着说："现在，穿过这扇门，看看三个月（或一周、一个月，也可以更久）以后一个开心的时刻。这个时刻也许是一个节日或是假期，或是一个你喜欢的活动日。那时，你会在自己家里、学校，还是在什么别的地方？是一个你去过的地方，还是没去过的地方呢？"

等待孩子的回答。

一旦孩子向你描述了他所想的地方，问问孩子他周围是不是有人，然后将注意力放在那个使他感觉到最开心的人身上。

◆ 继续说："当你看到这些的时候，其实是你身体的一部分回忆起了生活里你喜欢的事物，或者是那些让你将来的生活生机勃勃的事物。花时间感受一下，你会渐渐地将这些感觉带回现实的，因为你喜爱这样的生活。当你畅想完毕，可以再次穿过那道门，用你希望的方式和速度回到现在。"

历经挫折后，更好地生活的故事

从一朵云到另一朵云

在一个遥远的国度，有一群我们称为蒂米力的神奇的鸟儿。它们的羽毛五彩斑斓，它们很聪明，总是能找到对自己来说最好的东西。因此它们选择了那些愿意和它们在一起，喜欢爱抚它们的云朵居住，这种生活非常惬意。在这些蒂米力里，有一只名叫里约的小家伙，它个头比别人都小，它很聪明，聪明才智与年龄或个头可没有一点儿关系，这个故事就证明了这个道理。

里约在它喜爱的两朵云之间消磨时光，它不能没有那两朵云。它喜欢在第一朵云上休息，因为那朵云既安静又柔软。这朵云是淡紫色的，蓬松得像一床羽绒被，里约喜欢蜷缩在上面享受时光的流逝。第二朵云就在旁边，这是一朵漂亮的灰色云朵，可以用来造雨。它有时紧绷着，在坏天气来临前它会充满雨水。里约喜欢这朵云，因为它像一张蹦床，里约可以在上面蹦蹦跳跳。

里约在两朵云上生活，忽略了时间的流逝。有时天气晴朗，它就在云上跳来跳去，然后在太阳下休息，它很喜欢这样。有时，云朵们带来暴风雨，天会变得越来越灰暗，然后下起大雨。那时里约就会蜷缩在云里，等待暴风雨过去。但即使是天气恶劣时，里约也对自己说，它不会拿任何东西换走这两朵云。它一直幸福地生活着，直到有一天云朵们将它叫醒，告诉它一个可怕的消息。

事情发生了变化，云朵们现在要分别去两个不同的地方了。淡紫色的云朵要去北方，而灰色的云朵要去南方，那里的人们缺水。里约必须从中选择一朵云。

里约感到惊慌失措。一开始，它不知道说什么，它哭了起来。它什么兴趣都提不起来了，既不想休息，也不想玩。它很伤心、很生气。它觉得这不公平，它只有这两朵云，而现在它们要各走各的路了。“这不公平！”里约反复说着，“这不公平！”

这两朵云也不开心，它们觉得很痛苦，因为它们同样爱里约。它们在一起商量出了一个对策。

它俩找到一只年龄较大的蒂米力，让它过来劝劝里约。当大蒂米力看到这只伤心的小东西时，它明白了现在的情况。这只大蒂米力告诉里约，在几年以前，它也遇到过同样的问题，但是现在问题解决了。大家都仔细地听它说着。

“其实，”大蒂米力说道，“只需要里约从一朵云飞到另一朵云。起初这看起来有点困难，因为这意味着不停地换地方，还要适应不同的环境，但是之后，里约，你会发现这很有趣。”

里约觉得这是一个好主意。这样它就可以随着一朵云游遍所有南方的国度，再随着另一朵云游遍所有北方的国度，经历晴天和雨天。大蒂米力说得很有道理，这将会有多少新的发现啊！里约知道，它的两朵云就在那儿，就在它能飞到的地方。

从此以后，里约比别的鸟儿飞得更远了，它长大了，变得很强壮。它现在对世界的各个角落都很了解，它也为此感到骄傲，因为它变得更勇敢更坚强了，它完美地解决了问题。

06 孩子软弱

理解孩子身上发生了什么

比起行动，有些孩子更喜欢观察。在孩子很小的时候，父母就能够发现这些孩子总是处于被动的状态。在沙滩或公园的沙池里，孩子任由别人拿走他的小铲子和小桶子。通常，孩子不喊也不叫，默默地等着“小偷”自己把拿走的东西还回来，因为如果换作他自己拿走别人的东西，他都会主动还回去，但往往小桶再也不会被还回来了。如果一再发生这种情况，孩子也并不会主动出击，通常是由孩子的父母出面夺回孩子的东西，并低声斥责“小偷”停止这种拿别人东西的行为。当孩子更大一点儿，到了上托儿所或幼儿园的年龄时，如果他还没有改变自己这种逆来顺受的性格，那么他将会习惯毫无怨言地忍耐。这种习惯会变得根深蒂固，最终，孩子会变得任由他人摆布，觉得自己没有别的选择。这时父母就开始着急了，他们害怕如果发生更严重的事，孩子也会忍受，会变成一个“大受气包”；也害怕孩子长大以后无法应对生活中的困难。

集体生活带来的问题

当孩子2岁或3岁，脱离了家庭的保护茧进入幼儿园时，是学习集体生活规则的理想时期。在这个年龄段，孩子需要学习与人相处的规则：哪些事情是可以做的，哪些事情是禁止做的，人与人是不一样的，应该尊重他人，等等。这个年龄段也是孩子独立性发展、希望获得自我肯定的年龄。这段时期里，孩子的自我意识逐渐增强，而集体生活却给孩子带来了一定程度的限制，孩子需要学习适应环境。在适应的过程中，有些孩子的自我认知还未发展完全，他们似乎更难获取他人的尊重，他们很快就被那些更有控制欲的孩子瞄准了。

逐渐降低的自我认知

那些爱挑事的孩子很容易瞄准那些最敏感的、不会抱怨也不敢自我防卫的孩子。当带头的孩子发现他的“目标猎物”并不会反抗时，就会带领其他孩子对其进行更加激烈的攻击。他们并不是为了不顾一切地伤害别人，而是想要知道被欺负的孩子的底线究竟在哪里。一般说来，当他们觉得已经触及底线时，就会停下来。因此，最重要的是要让孩子感到自己足够强大，当他发现别人越界时，能够勇敢地说“不”，这样才能获得别人的尊重。每当孩子被别人欺负一次，他的自我认知度就降低一些——“我应该跟他说：够了！停下来！但是我没有。”这种情况重复出现的次数越多，孩子弱点就会被放得越大，孩子就会越来越脆弱。

我的建议

学习说“不”

告诉你的孩子，倾听自己的感受是很有必要的。如果一种情况的发生让他感到不快，那他就应该拒绝，使自己的行动和感受达成一致。你可以建议孩子将自己的潜意识——无所不知的部分想象成一个人物形象，比如仙女、精灵或者魔法师（孩子最先想到的形象），如此一来，当孩子遭受到欺侮并且本能地感觉到应当及时阻止对方时，他将摆脱羞怯与畏惧，大胆地与心中的形象——仙女、精灵或者魔法师进行对话，获得这些形象的支持，得到力量，从而阻止欺凌现象发生。如果孩子跟你讲起自己某一次敢于说“不”的情形，记得要祝贺他，并且鼓励他继续这样做。

针对情绪的角色扮演游戏

最重要的就是教孩子自我表达。你可以用几句话概括你的一天，然后让孩子也讲讲自己的一天过得如何。虽然孩子不是每次都能想起来发生了什么，但经常对你讲述自己一天的经历能让孩子知道自己是在被不加评论地倾听着的。对于孩子来说，用精确的语言来描述情绪并不容易，可以建议孩子玩一个小游戏，鼓励他像演员一样把这些感受表演出来。为了让游戏更有趣，你可以剪一些彩色纸板，在纸板上写上不同的情绪状态，如“伤心”“开心”“幸福”“吃惊”“失望”“有罪恶感的”“有攻击性的”“生气”“受惊吓”“不安”“感到厌烦”，也可以加一些表示程度的词，如“力度1”“力度3”……在扮演不同角色时，挑一块纸板来模仿上面的内容。将词语和孩子或你模仿的感受联系起来，可以帮助孩子更清楚地知道应该如何用具体的词语表达他的感受。你可以增加一种玩法：在一天结束时，每个人挑一张卡，就这张选出来的卡上所写的情绪提出与之相关的问题，如“我今天有没有感觉很幸福（生气、烦恼）？”

积极的想象力练习

为了让自己能够被尊重

我的私人领地

在这个富有创造性的想象力练习里，你的孩子将在自己周围建造一块尊重领地，没有经过他的允许，别人不能跨进来。

借助于这种想象，他的潜意识知道存在着一条不可逾越的界限。孩子也将向别人传递一个重要信息，那就是他应该得到尊重。

◆ 鼓励孩子编织一道光束。用他自己选择的颜色：蓝色、白色、金色……他无所不知的那个部分会选择能够保护好他的颜色。孩子编织光束，用光束包裹着自己，在身体周围形成一个球形或蛋形的保护层。这是一个只有他自己才能感知到的能量场。

◆ 当孩子编织好了以后，可以建议他在自己的“光束球”前再做一个“光束篱笆”，就像家门前的花园围的那种篱笆一样，篱笆上写着：“停下！没有我的允许禁止进入！”

◆ 告诉孩子从现在起，如果他不愿意，任何人都不能进入这个光束球，而他身体里无所不知的那个部分随着时间的推移会持续加强光束的保护效力。孩子会在生活中、在学校或其他场合，逐渐感到被尊重，别人也会在无形中感受到一种强大的气场。这是孩子的潜意识与他之间的秘密。每天早晨在孩子去上学前或任何其他有需要的时候，鼓励孩子激活自己的保护光束。

学会说“不”的故事

埃萝迪的重担

埃萝迪是一名勤劳的小小洗衣妇。当她还很小的时候，就养成了每周帮家人洗衣服的习惯，她洗衣服的地点是一条离村庄5公里的小河。也许你会感到很惊讶，为了洗衣服竟然要走那么远的路！但在那个年代，洗衣机还没被发明，长途跋涉去洗衣服其实很艰辛，尤其是当天气恶劣时，埃萝迪要对抗雨水、大雪和泥浆。但她知道，这样做给妈妈、爸爸，还有那两个经常把自己弄得脏兮兮的弟弟帮了大忙。

这个活计需要耗费埃萝迪一整天的时间！她拿上脏衣服和肥皂，把它们放在一个盆里，然后把盆顶在头上，顺着村子的小路走下去，这条路一直通往河边。走了一小时之后，埃萝迪会听到河水叮咚流淌的声音，这意味着她将马上到达小河边。她仔细搓洗每件衣服，洗完衣服后，这个善良的姑娘会在一块白色的大石头上休息，看着潺潺的流水，享受宁静的时光。在夜幕降临之前，她重新踏上小路，回到村里，把衣服晾在自家的小院里。

埃萝迪的父母非常感激她所做的一切，他们经常对埃萝迪说，如果没有她的帮助，家里的脏衣服将堆积如山。每当埃萝迪听见这样的夸赞时，都为自己感到高兴，因为她觉得自己长大了，能够为父母分忧了。

刚开始，每当她周日下午头顶着盆返回村里时，人们会赞叹她的勤劳与善良。渐渐地，有一些人把他们自己的脏衣服也拿给埃萝迪，并对埃萝迪说："多一点儿少一点儿对你来说都差不多的。”埃萝迪不敢拒绝这些人，因为他们都对她挺好。村里的张三在盆里放一条裤子，李四放一条裙子，埃萝迪觉得这些人有点过分，因为就算每次要走的路程是一样的，但每周的衣服重量都在逐渐增加。几个月之后，埃萝迪极不情愿地变成了全村人委任的洗衣妇！从此，她除了头上顶着一个更大的盆，背上还要背一个大包袱。她开始头疼、背也疼，更糟糕的是，再后来，村里人拿给她洗的衣服多到包袱和盆都装不下了，她只能每周两次提着满满两桶衣服，背上再背个大包袱去河边，再拖着被湿衣服的重量压迫得疲惫不堪的身子回家。她怀着一颗善心继续做这件事，因为她知道所有人都会为她的所作所为而心存感激。其实，她更想像村里的其他孩子一样玩耍，但她没有时间！埃萝迪继续辛勤劳作，直到有一天，她发现村里人粗鲁地把他们的衣服扔进她的盆和桶里，连一句“早上好”都不说，一个微笑都不留给她，她甚至觉得村里人在轻蔑地上上下下打量她。

一个冬天的夜晚，一个和她年纪相仿的孩子向她嚷嚷，让她马上给他带回干净的衣服，因为他明天就想穿着去和朋友们玩耍。这太过分了，埃萝迪想。她的内心猛烈地翻腾起来，就像一座马上就要喷发的火山。到了河边，她哭了起来，她把这段时间里积攒的痛苦全都倾倒了出来，她的眼泪像河水一样流淌着。没有任何人知道埃萝迪在小河边痛哭的事，这是我对你讲的秘密，但这很重要，因为从那天起，一切都发生了改变。

那天，在哭过之后，埃萝迪做了一个不可动摇的决定：今后，她每个月只帮村里人洗一次衣物，每个人都必须有礼貌地征求她的意见。当她回到村里时，她告诉所有人她的决定，但没有人相信她会这么做。接下来的周末，埃萝迪在村里玩耍，既没有带桶，也没有带盆，她蹦蹦跳跳地穿过了街道。有些村民催促她快去找一只桶来，哪怕一只都行，那些人恳求她，说自己没有衣服可穿了。但是埃萝迪坚定地说："一个月只洗一次。由我来决定洗谁的衣服！至于其他人，都各自洗自己的衣服，你们跟着我去小河边，你们会看到，这条去往小河的路是多么的美丽，河水是多么的清澈！"

月底到了，埃萝迪在摆放在她面前的衣服堆里挑选着。她只负责洗村里最年长的、行动不便的和最需要照料的人的衣服。她命令其他人："拿上你们的桶和肥皂，跟着我！"在去往小河的路上，人们交谈着，笑着，村民们已经很久没有聚在一起交谈了。一行人到了小河旁，所有人都唱起了圣诞歌，因为那天正是 12 月 25 日。那天晚上，大家都很感激埃萝迪组织了这次欢乐的出行。埃萝迪为自己能够拒绝帮全村人洗衣服感到自豪，她觉得度过了人生中最有意义的圣诞节，她开心地玩耍、唱歌。从此以后，所有村民每个月都热热闹闹地跟在埃萝迪身后，来到河边洗衣服，他们衷心感谢埃萝迪的勇气给他们带来的欢乐，这是他们真真切切想要的！

07 孩子焦虑

理解孩子身上发生了什么

轻微的压力可以起到积极作用，因为当人的能量被调动起来达成自己设定的目标时，它会变成一种超越自我的动力。然而重复的、长期的紧张是对身心有害的。在现代生活中，孩子们越来越早地感受到压力，而有些父母自身也可能为压力所困扰，以至于无法在孩子进入焦虑状态前第一时间嗅出焦虑的信号。

一种自发的自我防御机制

我们知道，压力是当人感受到外部危险时的一种自然反应。当压力袭来时，人的肾上腺素激增，呼吸加快，心跳加速，人体启动自我防御机制。这些人体的所有体验在生理和心理层面都被记录了下来，当下次再发生危险时，防御机制自动开启。

所谓的“危险”对于每个孩子来说都不一样，这取决于孩子的经历、父母的经历和孩子自身的感受。一个孩子认为危险的事物对于另一个孩子来说未必危险，即使是自己的兄弟姐妹，对危险事物的感知也不一样。害羞的孩子相较于自信的孩子而言，处理压力更困难。

注意力被完全占据

总体说来，当孩子面临无法预测的情况，或遇到打乱以往习惯的新事物时，就会拉响压力警报。压力骤然来袭，孩子往往没有足够的时间和心理准备来面对它。这些使孩子产生压力的问题有可能是一次搬家，是转校，有可能是弟弟或妹妹的降生，有可能是父母离婚，父亲或母亲生病，也有可能只是课堂上老师的提问。

曾经有过糟糕经历的孩子在同样的“坏事”再次发生时，也会备感压力。例如，经历了第一次去看病时打针的疼痛，第二次看医生之前就会有压力；第一次坐飞机觉得耳朵难受，下一次坐飞机就会很紧张。令人感到紧张的气氛也会导致孩子产生压力，如尖叫、争吵、无休无止的指责。

还有一些压力是父母施加在孩子身上的，父母希望孩子考上更好的学校或在体育竞赛中取得名次，孩子的压力就会悄悄产生。

当孩子出现压力过大的症状时要警惕

要留心孩子的一切症状，不要草率地对待他发出的任何信号。一旦压力过大，就会对孩子的心理健康产生不可忽视的影响。这种影响会投射到孩子的情感、社交和学习成绩上。孩子出现悲伤、冷漠或突然的暴怒；或孩子抱怨说自己肚子疼或头疼，然而医生的诊断却没有发现任何不正常。如果有上述情况发生，请将孩子出现的饮食习惯变化和睡眠情况都记录下来。

如果孩子突然出现口吃的症状，你也要警惕，这是一种焦虑的信号。有时，焦虑会引发神经性抽搐，3~4 岁的孩子身上就可能发生神经性抽搐，如果不加干预，这种潜意识的行为很有可能在 5~7 岁的孩子身上生根，尤其会出现在性格容易激动的男孩身上。当焦虑袭来，孩子的眼睛会快速眨动，肩膀或身体其他部位会出现大幅度的抽搐。抽搐会在孩子冷静时减轻，而当孩子睡着时，抽搐会完全消失。抽搐和口吃会发生，它们也会过去。如果这些症状是持续性的，那么就要向专业的医生求助，应当尽早进行医治，从而使病情得到控制。

我的建议

面对压力，放轻松

有一种可能是你给孩子施加了压力，如让孩子在学习、体育、音乐等方面都做到最好。你可能认为这种程度的要求对孩子来说是积极的，能让他最大可能地在生活中取得成功。有些孩子能够处理好压力，甚至把压力转变成巨大动力，成为第一名。

然而，如果你的孩子表现出了焦虑，那么你还是降低要求更好。你要试着认清楚自己内心深处的目标。通常孩子的潜意识会感知到父母内心对自己的要求——要在父母失败了的地方取得成功。这种沉重的期待要求孩子必须出类拔萃，对优异成绩的追逐占据了孩子的大部分时间，这对孩子而言并不公平，除非追求卓越是孩子心甘情愿的选择。如果孩子感觉压力很大、很焦虑，你应该减轻孩子的重担，让孩子有时间玩耍，劳逸结合也能帮助孩子健康成长。另外，父母最好花时间陪伴孩子，鼓励他做一些自己会做和喜欢做的事，他将从中收获自信，不再紧张烦躁。

做孩子的榜样

你是孩子的榜样。如果你自己也感到焦虑，那最好应当先解决自己的问题。花点时间做放松练习或做心理咨询，你会感到更放松，你的孩子也会从中受益。

如果孩子出现抽搐或口吃，不要嘲笑他，也不要批评他，更不要要求孩子纠正自己的行为，这些只会增加他的压力。你要记住，孩子并不能控制自己的抽搐或口吃，这些都是他感到不舒服时发出的信号，他需要得到家长的理解。

给孩子做个榜样，孩子会模仿家长的一言一行，你自己要保持平静，因为你身上的平静会传递到孩子身上，孩子会受到你情绪的感染，他将更冷静、更从容。

创造宁静的氛围

在家里保持一种宁静的气氛。可以从固定吃饭和睡觉时间开始，让孩子养成良好的作息习惯。自主阅读或睡前的亲子阅读对于孩子来说就像一个减压舱，能够让他将所有的压力抛到脑后，度过一个美好的夜晚。也可以创造有禅意的氛围，如在卧室里制造柔和的灯光，播放能够让孩子感到平静的水流声等等。良好的睡眠也会对减压起到帮助作用，当孩子充满活力地醒来时，会感觉更有力量去面对压力。

告诉孩子，压力会自我消解

不要让孩子对自己的焦虑产生负罪感，告诉孩子，产生一系列情绪问题是很正常的：伤心、愤怒、紧张……每个人都会在生活中遇到情绪问题，不必感到担忧。你可以和孩子谈谈令他紧张的因素。你们的交谈能够安抚孩子，使得孩子更能够掌控自己的情绪。

随后，你可以和孩子讨论能让他感到更加平和的解决方案，如换一位钢琴老师、早一点儿到学校、取消一项课外活动等。

人需要对不久的将来发生的事拥有一定程度的掌控能力，这样才会感觉到安心。当人感觉无法掌控即将要发生的事情时，焦虑就产生了。心理学的研究显示，人并不需要真正意义上的控制，即对事情实实在在的控制，但是，人的内心需要有一种主观的控制的感觉——掌控感。如果一个人成功地获得掌控感，他就已经能够减轻自己的压力了。同理，当孩子知道存在一种方法能够让他获得掌控感，从而减轻他的压力时，他的焦虑情绪在这时就已经开始消散了。

对抗紧张的办法：放松与想象力练习

如果孩子出现焦虑情绪，请你充分运用本书中的方法来帮助你的孩子进行放松练习和想象力练习，这些方法是有效的抗压工具。从这些方法中，你的孩子将很快学会如何通过想象一个对他自身有益的物体或符号来回归平静的状态。其实非常简单，只需要借助腹式呼吸，孩子就能够向他的身体和头脑释放放松信号。你可以向孩子解释放松的好处：在半睡半醒的状态下，腹式呼吸能够扫除压力；在平静笃定的状态下，他的身体的所有部位都将达到和谐状态。在这种放松状态下，人的身体会产生内啡肽——令人体放松愉悦的激素是天然的镇静剂。

在想象力练习后面讲个故事，将会激发潜意识发挥功效。

既然孩子身上就有自我安抚的宝藏，为何不挖掘出来呢？

积极的想象力练习

为了控制压力

我的压力球

这个练习可以帮助孩子想象自己掌控压力。我们知道，拥有掌控感能够缓解压力。在知道自己随时随地都能掌控自己的情绪之后，孩子会开始放松，从而获得自信。

◆ 让孩子想象自己的“压力球”在哪里，是在肚子里、喉咙里还是心里？引导孩子更近距离地观察压力球，以便更准确地识别它。你可以询问孩子：“你知不知道压力球是什么颜色的呢？看看你的球是大是小？摸一摸是软的还是硬的？就好像你可以拿在手里去感觉它，去感受它的重量，看看它是重还是轻？”

◆ 当孩子完成了对压力球的想象时，告诉孩子，他是这个压力球的主人，只要他想，他就能够用左手或右手把压力球变小或捏扁，或把压力球踩在脚下碾碎。孩子更喜欢怎么做？当孩子对你说出自己的方法后，你可以补充道：“太棒了！现在你把压力球变小了，它会变得很小很小，小到不会来烦你了！以后当你感觉它又回来时，你就再把它变小，因为你能够掌控压力球，你比它更强大。”

让孩子放松的故事

紧张的邮轮

也许你以为一艘船的生活很简单，它只需要在海面上平静地漂流，但事实并非如此。有时船需要避开岩石，有时巨浪会拍上船舷，船还会遇到许多其他麻烦，它需要时刻保持警惕，避免陷入困境。

当一艘船第一次离港时，我们会要求它不要惊慌，保持注意力集中，好好沿着航线前行。因此，当邮轮巴克斯第一次出航时，它收到了非常详细的航行指南。但是，当驶到外海时，巴克斯还是变得紧张起来。它一边四处张望，看看航线上有没有礁石，一边全速前行。每当看见天空中出现一朵乌云，它就拉响警报，生怕暴风雨来临。看到的乌云越多，它的恐惧就越多。

每一次，巴克斯都会想象乌云会变大到填满整个天空，使天空变得漆黑一片。即使最小的云朵也变成了它的假想敌。它一直都无法冷静下来，这种状态令它非常疲惫。

巴克斯一心惦记着要准时抵达远方的海岸，在那里，人们等着它运载的货物。巴克斯载着金银和其他很多值钱的东西，它害怕自己弄丢货物。

巴克斯担心找不到路，让所有信任它的人失望。所以，当海面上波涛翻涌起来时，它就变得很恐慌，开始东飘西荡，摇摇晃晃。它一边加速一边对自己说："我要不惜一切代价到达目的地。"而当它心中的压力到达峰值时，绝望又会占据它的头脑："我到不了了！"巴克斯感觉自己无法再控制航向，它觉得自己快要被风浪掀翻了。

当巴克斯绝望的时候，它碰到了另一艘在海上航行的邮轮，那艘邮轮显得非常轻松。巴克斯觉得很疑惑，于是问道："你是怎样做到不摇晃的？"那艘邮轮说："没有什么好害怕的，只需要跟随着波浪行驶就行了。"听到这番话，巴克斯的压力减小了，并逐渐冷静下来。

这时候，巴克斯才发现，自己非常害怕的那朵云其实是白色而不是灰色的，而它害怕的飓风也只是海上的丝丝微风。

这一刻，巴克斯学到了人生中最重要的一课：给自己施加压力没有任何作用，而是应该跟随那些指引正确方向的波浪，充满自信地航行。

巴克斯不疾不徐，和海浪戏耍着来到了港口，受到了所有期待着它的人们鼓掌欢迎。

从那以后，巴克斯成了所有邮轮里最自信笃定的一艘。即使天空中出现了乌云，它也很放松，因为，它知道自己有足够的力量可以保持正确的航向航行。

08 孩子爱生气

理解孩子身上发生了什么

一时冲动的生气与爱生气是不同的

每个孩子都有自己的个性，我们可以在孩子很小的时候就看出他的性格。有些孩子很文静，而有些孩子则特别好动，没有人能够预测孩子的性格变化。有些孩子会变得淘气，有些孩子会变得多动，有些孩子会变得好胜，还有些孩子会变得温厚……孩子性格的养成也取决于父母对孩子的影响。如果一位母亲非常希望自己的儿子温和乖巧，她将很难接受儿子的好动。当儿子因为好动而被母亲斥责时，他有可能会压抑自己好动的欲望而变得文静起来。但大多数情况下可能事与愿违，孩子会变得怒气冲冲，这是因为压抑自己的天性会使孩子很焦虑，而发泄怒火则是他表达焦虑的方式。

因此，我们应该将一时冲动的生气与爱生气区分开来。每个人都有一时冲动而生气的时候，而有些孩子则是天生爱生气。这些小孩天生就非常活跃，他们上蹿下跳，随时准备翻江倒海大闹天宫。如果家中的孩子是这种性格，对于父母来说无疑是磨人的。虽然父母期待的是如同画里走出来的安静又乖巧的孩子，但他们还是应该适应自己孩子的这种性格。

孩子叛逆，这很正常

这也就是说，即使孩子是乖巧的，家长也总有一天要面对他的叛逆期，这种叛逆期一般出现在孩子两岁左右。这个年龄的孩子已经做了很多走向独立的努力，比如他已经学会走路、吃饭、保持整洁和说话。所以这时孩子希望被倾听，孩子有自己的想法和欲求，也很希望得到满足！这个阶段一般会持续一两年，在这期间，孩子会提出要求并表达自己的反对。这是一个对孩子而言非常重要的阶段，因为在这个阶段里，孩子会越来越多地进行自我塑造，走向独立，成为与父母不同的独立的个体。

调整沮丧的情绪

父母不可能满足孩子所有的要求，孩子应该学习在自己的要求被否决之后如何调整沮丧的心情。学会调整沮丧的情绪会使孩子终身受益。

当孩子提出要求，父母退让一步满足了孩子的要求时，孩子会感觉自己赢了一局。这时，你还是可以讲清楚事情的规则："你可以在我准备晚饭时玩这个玩具。但是到了吃饭的时间，你就不能再玩了。"

但孩子的有些要求是对他有害的，比如长时间黏在电视机或游戏机前，吃饭前吃糖，想晚点儿睡，等等。当父母拒绝孩子的这些要求时，他有可能气得跺脚、怒眼相对，一直抵抗直到父母让步；如果还得不到满足，孩子可能会生气地尖叫。这时，父母应当给孩子解释，为什么他的要求会被否决。

如果孩子还是继续哭喊，那就让他表达自己的愤怒。你可以告诉他，你懂得他，他的要求你听见了。但还是要向孩子强调——你是不可能让步的，这就是规则。孩子会感到愤怒，但他也只能这样。家有家规，社会有社会的规则，你可以时不时跟孩子提起这些规则。

我的建议

家里的规则

作为家长，你是榜样，是了解社会规则和家庭规则的人，规则存在的意义就是为了让所有人在和谐的状态下生活。你的任务就是教给孩子清晰的规则：不要打人，不要睡前吃糖，晚上8点要上床睡觉，等等。显然，这些规则需要一而再，再而三地对孩子讲，有些父母会对此感到厌倦。一天的工作之后，父母已经很累了，想要在晚上或周末轻松轻松，觉得可以稍微松懈，不必严格遵守规则。你可以这样做，但是一定要非常谨慎，因为一次松懈很快就会变成不必遵守规则的信号:“那个我认为很重要的规则，原来是可以因为玩乐而违反的啊！那其他规则是不是也可以违反呢？”如果你的孩子自己能看懂的话，你可以把这些规则写在一张纸上贴在家中显眼的位置，比如贴在冰箱或玄关处，或放在客厅里。

坚定的规则

如果你制定的规则很明确，而且已经实施了，那么请坚持下去。要知道，孩子们喜欢在规则清晰的环境下生活，这会让他们很有安全感。孩子是很精明的，他会找弱点、找软肋。孩子总是喜欢试探家长的底线，看看家长制定的规则是否还牢固。孩子会试探你的态度，会时不时地来找你的麻烦。如果你的规则是晚饭前不能吃糖果，那么每天傍晚，孩子都向你念叨10遍、100遍:“我想吃糖！”尽管你一再重复:“不行！晚饭前不能吃糖果！”眼见自己的要求无法得逞，孩子会大哭、会尖叫，把你折磨得筋疲力尽。孩子还可能给你最后一击，控诉你:“妈妈，你不爱我了！”这时，也不要打破规则。你要提醒自己：孩子需要坚定的规则才能成长。你将看到，孩子最终会屈服于这个规则，来找下一个规则进行新一轮的试探。相反地，如果你破坏规则，那么就需要全部从头开始了。孩子学得很快，他会得出结论：自己抵抗得越激烈，得到想要的东西的可能性就越大，因为你已经让步过一次了。孩子会记住那些他赢得的胜利，这就是为什么对于那些更容易放弃的家长来说，坚持原则会更难、更费时。你应当保持耐心，不要在自己定的规则上做出让步，把列有规则的清单再次拿出来给孩子看，让孩子记住自己承诺过的事情。

为了能让你自己更加坚定，你可以在家里的某个地方贴上写着规则的纸，当你看到这张规则清单时，你会联想到：立规矩对孩子有好处，将来能够帮到他。

当你的孩子感觉到规则确实是不可动摇的，他就会感到安心，再也不会来挑战这些规则了。

规则需要一次性建立起来

当孩子渐渐成长，会产生一些新的要求。这时你也许可以放松某些规则：比如推迟半小时上床睡觉，或允许孩子周六晚上玩电子游戏。孩子也有可能会有一些明确的要求。这种情况下，最好和孩子谈谈，把他的要求写在一张纸上。如果家中发生了变化，比如父母与孩子开始分房睡，那么要让所有家庭成员参与新规则的制订，要征求你的伴侣和其他孩子的同意，对于规则清单上的每一点都要达成一致。不要因为你觉得有必要，就在某天晚上推出一个新规则，让孩子措手不及。突然推出新规则会使孩子感到惊慌，对孩子来说也不公平。如果你要修改某些规则，那么就要提前跟孩子说清楚。所有规则都要一次性建立起来。

不要对孩子表示同情，孩子应当学会调整自己的沮丧情绪

有时，在坚持规则的时候，你有可能会产生退缩的念头，你觉得孩子毕竟还小，受挫之后会很难受。注意：若你不坚持原则，孩子有可能会完全陷入困惑之中。尽管孩子提出无理要求，想要施行蛮横行为时看起来多么信心满满，但实际上他内心是很恐慌、很困窘的，因为他无法预测你的反应。如果你不坚持原则，那么你就给予了孩子过度的自由。这种过度的自由会让孩子产生焦虑感，而孩子需要清晰的规则来产生安全感，这实际上会对孩子产生强大的冲击，会进一步刺激他的行为，让他产生更多愤怒。无论孩子原本多么温厚，都有可能变成一个真正的小暴君。只要别人拒绝了他的要求，无论是怎样的要求，他都会哭喊、打人、骂人。孩子会觉得别人什么都应该给他，他可以随心所欲地做任何事情、说任何话，而不用承担任何后果、接受任何惩罚。

想象一下，如果孩子不能调整自己的沮丧情绪，会发生什么呢？他能受得了老师的管理吗？有些孩子甚至会受不了学校的管制，认为自己能够不受处罚、不受任何限制地为所欲为。所以当孩子产生愤怒时，你与其自己痛苦，不如帮他调整自己

的沮丧情绪，这会对孩子的成长起到很大的帮助。

控制你的愤怒情绪

孩子在家中制造的骚乱可能会让你感觉很沉重，在你下班回家推门进屋之前，你需要让自己平静下来。尽量不要大喊大叫，而要试着和孩子们一起做游戏，在做游戏的过程中释放你的压力。例如，你可以和孩子玩“家庭开胃酒”的游戏，让孩子给你和其他家庭成员调制一杯加了冰块的浓缩糖浆，或孩子擅长调制的特饮。在玩的过程中，孩子会跟你亲近，给你讲他自己的一天当中发生的事情。你也可以将游戏时刻设定为家庭活动的固定环节，经常用和孩子们做游戏的方式来给自己减压。孩子们也会喜欢上这个固定的家庭活动时刻，因为他们喜欢有规律的事物，规律能给他们带来安全感。这个短暂的亲子时光对你和孩子们来说，就像是一个减压舱，你们将在不知不觉中释放压力。

孩子会明白，家长也需要休息片刻，而家长的休息并不意味着是对自己的惩罚，而意味着家长也需要减压。你可以告诉孩子新的“开胃酒”配方，让孩子忙碌一会儿，你也趁机休息一会儿。如果你被自己的工作弄得心烦意乱，那么你可以告诉孩子一点点关于你工作的事，并感谢孩子准备的开胃酒让你把工作的烦恼抛在一边。当孩子感受到自己并不是你焦虑的原因时，他就会感到安心。你还可以以自己为例告诉孩子，当他感觉生气的时候，说出令自己生气的原因会使事情更加简单。

然而，如果你每天晚上都把自己的坏情绪发泄到孩子身上，孩子会觉得很不公平。他会愤怒地对抗你，这将使你更加焦躁，甚至形成恶性循环。如果你或你的伴侣因为一点儿小事就愤怒喊叫，那么这种行为可能会变成家庭内部的语言模式，一种潜意识的交流方法，孩子会吸收并重现这种行为。如果是这种情况，那么你应当先学会自我克制，给孩子做出榜样。你的亲身示范能够让孩子学会如何控制自己的情绪，并让自己平静下来。

积极的想象力练习

为了迅速冷静下来

给愤怒涂上色彩

这个练习可以让你的孩子变成自己情绪的设计师。这个有趣的小游戏能够唤醒孩子的创造力，让孩子对绘画和色彩产生兴趣。借助这个练习，我们会从意识和潜意识层面将一种舒适的感受与象征着安静的颜色联系起来。孩子无所不知的那个部分会将这种颜色记录下来，在他有需要的时候表达出来，就像画家给画布上的天空涂上蓝色，以此来表示所有事物都处于安详之中。

◆ 你可以告诉孩子，他拥有使自己冷静下来的能力，当他想要这么做的时候，就改变自己内心的颜色。当孩子安静地坐下来后，引导他去回忆一个平静的时刻，比如度假时、玩玩具时、洗澡时、像现在一样安静的时刻等等。如果孩子开始回忆起过去的某一个时刻，或仔细品味现在与你在一起的放松的时刻，那么鼓励孩子继续想象。

◆ 随后，告诉他："对于每一个时刻，都对应有一种颜色。我想知道，当你想到安静的时刻时，你的脑海中是什么颜色呢？"当孩子告诉你一个颜色时，给孩子以肯定："这就是平静、祥和、温柔的时光的颜色。"

◆ 告诉孩子，他可以把自己的想法和心都涂上这个象征安静祥和的颜色，用这个颜色把整个身体都涂满，把所有他希望感觉到平静的地方都涂满。接着告诉他，无论什么时候，只要他想，那么他就可以重新使用这个平静的颜色涂满自己的内心，即使当他生气时，也可以像画家改变画布的颜色一样，改变内心的颜色。孩子就成了设计师！孩子想自己试一试吗？那么让他回忆一次愤怒的经历，愤怒是什么颜色？

◆ 当孩子给愤怒找到了颜色时，你可以说："现在，你可以把愤怒的颜色替换成平静的颜色，然后你就会看到区别。"如果孩子感受到了区别，祝贺他，然后建议他用这个方法改变情绪的颜色："你身体里无所不知的那个部分已经记录下了这种对你有好处的颜色。当下次你再生气时，无所不知的部分就会给你带来这种对你有好处的颜色，你会马上感觉良好。"

让自己平静下来的故事

愤怒的台球

从前，有一颗崭新的台球，它趾高气扬地在台球桌上滚动。它与其他球都不一样，因为它是纯白的，别人都叫它小白。其他的台球与小白不一样，它们是彩色的，比如黄色的、蓝色的、红色的和绿色的，每颗球身上都有一个数字。白色的球身上却没有数字，它觉得自己很自由，可以想做什么就做什么！当它被放到台球桌上时，就开始碰撞桌子的边缘，发出“啪、啪”的声音。其他的球都看着它，惊慌失措。它们冲它高声喊道：“停下来！你这是在干什么，你这样我们怎么一起玩啊！”但小白谁的话也不听。它继续做着自己喜欢的事，想看看自己到底横冲直撞到什么时候能够激怒其他的球。

来玩台球的玩家们再也不来这个台球桌玩了，他们叫嚷道：“让那个白球停下来！它不能一直这样到处乱窜，这样下去根本就没法玩！”

过了一会儿，所有红色的球试着组成一道防线，但是小白朝着防线猛地冲过去，红球们在台球桌上四散开来。要阻止这颗四处冲撞的白球简直太难了！蓝球们试着对小白采取温柔战术，但遭到了小白的嘲笑。大家觉得小白可能没办法让自己停下来了。

小白变得越来越愤怒，因为它不明白自己在这个滑稽的游戏里的作用，它觉得没有人能理解它。

小白受够了这种横冲直撞的日子，但是它也没能找到别的方式来表达自己的想法。它把自己撞得浑身是伤，被躁动不安的情绪和行动折磨得筋疲力尽。

最后是一只绿色的球成功拦住了它。小白终于停下来了！这只绿色的球既强壮又聪明，它告诉小白一件重要的事。

“亲爱的小白，你看，你是这个游戏里最重要的一员。因为有你，我们才能愉快地玩下去！如果你把整个台球桌都毁了，就没有人能继续玩了，而且，你会感觉很疼！让我来教你游戏规则吧。我知道，可能没有人给你讲过这些规则，也可能是你把规则都忘记了！”

小白非常认真地听着，终于明白了自己在游戏中扮演着至关重要的角色，也明白了所有的球达成共识是多么重要。它明白了如果自己想要好好玩，那么最好遵守游戏的规则。

从这天开始，小白就变成了一颗受人尊敬的球。它严格遵守台球桌上的规矩，甚至其他球都会来询问它，台球桌上的一切是否都在有序进行。它再也不会冲向台球桌边缘然后猛地弹起，相反，它会全神贯注地以令人惊叹的力量小心前进，准确地去往应该去的地方，它总是瞄得很准！

09 孩子什么都想做好（孩子是完美主义者）

理解孩子身上发生了什么

有些孩子受到了压力的困扰，会对自己是否表现良好产生焦虑，这种焦虑感随着时间的推移变得越来越强，孩子会希望什么都做到最好，希望自己各个方面都完美无缺。如果孩子日后从事一份要求非常细致的工作，或一份需要很长时间才得以完成的工作，那么他的完美主义有可能发挥作用。要求做到完美、追求自我超越是一种真正的好品质，冠军就需要这种品质！然而，完美主义者的焦虑有可能会变得咄咄逼人，让孩子认为自己一无是处，对自己只拿到第二名感到失望，或当拿到成绩单发现只是“B”时难过得哭起来。如果是这种情况，那么是时候帮助孩子转变想法了。

无用的压力

这个小小完美主义者会采用一套自我保护措施，这套自我保护措施会促使孩子对自己进行严格的自我评判，让所有事情都处于自己的掌控之中，避免导致失望。有时，当压力过大时，孩子的身体会出现类似恐惧时产生的不良反应，比如喉咙发紧、胃痛、呕吐或者失眠。通常当孩子 6 岁左右，要进入小学一年级时，这些症状会更密集地出现。焦虑会随着孩子的成长变得越来越严重。

过高的自我要求

完美主义者总是害怕做得不够好或者害怕会失败，于是一遍又一遍地重新开始一项工作，有时候这个过程要持续很长的时间，直到达到所谓的完美状态，只有如此，完美主义者才觉得自己掌控了一切。然而，他们永远也没办法为自己感到高兴，总觉得自己应该做得更好。他们会产生拖延症，害怕结果达不到期望值。如果成功的门槛提高了，他们会认为自己一无是处。这类孩子通常都在行为上表现得很消极，比如当需要在全班同学面前背一首诗、交一份作业，或者仅仅是画一幅画，甚至是被老师叫去完成非常简单的任务时，他们的内心也会因为害怕被评价而不堪重负。

要求严苛的父母

在一些家庭中，父母施加在孩子身上的压力也许来源于他们自身的完美主义。这些父母不惜一切代价培养孩子，希望孩子是最好的，或要求孩子必须成为第一名。他们会不遗余力地为孩子送上溢美之词，他们会对孩子说:“我相信你一定会成功的，你比别人优秀得多，这些功课对你来说很简单。”在这种情况下，孩子发现自己必须超越自己本身的能力才能得到父母的喜爱。孩子认为，如果他不按照父母的期望去做事，就会在生活中一无所成，被父母晾在一边，甚至被抛弃。

我的建议

帮助孩子在放松方面也做到最好

如果你的孩子希望变成最好的，那么你可以使用激将法，让孩子在放松方面也做到最好。你可以教给孩子本书开头提到过的放松法，以及冥想和瑜伽。通过深呼吸，孩子可以体会到放松身体带来的积极影响，从而喜欢上放松和控制自己身体的感觉。要注意的是，学习放松法应该是惬意的，不应该变成对孩子的惩罚或者变成孩子必须完成的作业。不要说:“你真让人恼火，去你的魔法世界待着”或“我要求你每天晚上都试着放松”。

让孩子感到安心

不要批评孩子的成绩不好。不要说那些带有恶意的话，比如“你本可以做得更好”“这次的成绩没有上个月好”或“没有你的姐姐好”，这么说通常会让孩子的完美主义生根发芽。因为处于焦虑中或对责备敏感的孩子会想象：如果他考全班第一，如果他比姐姐做得更好，如果他赢了网球比赛，你才会更爱他。相反，你应该给孩子安全感，告诉他，当他取得成功的时候你会开心，但是即使他做不到，你依然爱他，你爱的是孩子本身，而不是他的分数或他的表现。然后告诉孩子，你的失败经历是如何让你进步、改变和重塑你的思考方式的。你的回忆可以让孩子改变“只有成功的人生才有意义”的想法。

让孩子积极起来！

要让完美主义孩子保持平静并不容易，特别是当他已经花了几个小时攻克一道难题，或第一千次重新开始画一幅画（之前的画都一塌糊涂）时，孩子会特别焦躁。不要让孩子失去耐心，最好让孩子对令自己感觉沮丧的事情依然保持积极态度。例如，你可以告诉孩子，那幅他觉得一塌糊涂的画里所有的小小不完美都令你感动，祝贺孩子完成了这幅独一无二、充满真诚的作品。如果孩子依然感到难过，并对自己失望，那么你可以从他的性格着手，称赞孩子这种追求完美的品德：“一些名留青史的人正是完美主义者！愿意花时间来精雕细琢，精益求精，这种匠人精神正是某些职业所需要具备的。伟大的科学家们正是因为有着这种品德，才实现了造福全人类的伟大的发明创造。”

把顺序打乱的游戏

完美主义者很少能享受自己做事的过程，即使是玩游戏，他们的情绪也会变得很紧张。比如，当他们玩集体游戏开启了“不能输”模式时，紧张就变得很明显。为了减轻孩子的压力，你可以发明一些与孩子习惯玩的游戏相反的游戏。例如，将一些按照色阶排列的彩色铅笔摆放好，然后宣布：把所有铅笔的顺序用最快的速度打乱的人就是胜利者。当孩子把顺序弄乱时，你可以笑着喊出来：“太棒了！你把所有顺序都打乱了！”你们可以一起把铅笔按照别的顺序重新排列，你可以告诉孩子有好几种排列的方法，没有哪一种比另一种更好。同理，你也可以和孩子玩整理衣橱的游戏：“看看谁可以在最短时间内从五斗橱里拿出来最多衣服。”这些小游戏向孩子表明：没什么大不了的，他不需要让一切都处于掌控中。而且，把东西弄乱再重新组合也是很有趣的游戏。

不要忘记，当你输了集体游戏时，也要保持微笑。你可以向孩子证明，即使你输了，也还是一个讨人喜爱的人。告诉孩子，无论输赢，重要的是一直爱自己。

积极的想象力练习

为了掌握放松的要领

我的抗压仪

这是一个适合完美主义者的理想的练习，因为它迎合了孩子的控制欲。在练习里，孩子想象自己拥有一台机器，上面有从 1 到 10 的数字。孩子可以控制这台机器，当孩子将数字拨到一个数值时，他就能找到内心的宁静，而不是生活在压力下。

◆ 让你的孩子想象他有一台抗压仪。仪器上面有从 1 到 10 的刻度（对更小的孩子，可以使用“+”或“–”来代替）。你可以给孩子提一些建议：那台仪器可以是一个仪表盘、压力锅、体温计，等等。

◆ 一旦孩子想象出来他的抗压仪，让他告诉你关于仪器的外形、颜色和重量。你可以表示出对仪器的功能的兴趣：它是怎么指示数字的？它的指针会动吗？数字的颜色会变吗？询问孩子，他应该如何使用这台抗压仪，比如他可以握着一个操纵杆或按一个按钮。

◆ 当孩子把所有关于抗压仪的想象都描述完毕时，你可以宣布，这台仪器是独一无二的，它是由孩子无所不知的那个部分创造出来的，目的是减少压力，让自己感觉舒适。

◆ 建议孩子回忆过去宁静、放松、幸福的时刻，比如度假期间。孩子回忆着这段时光，然后看着仪器的刻度盘。刻度盘上面的数字是多少？这个数字就代表了孩子“放松”的程度。以后每当孩子想要找回同样的宁静时，就只需要将指针的数字拨到那里，就会找回自己内心的安宁。告诉孩子，只有他自己能使用这台仪器，他是机器的主人。从今以后，每当孩子需要减轻压力时，都能轻松地使用这台仪器。

让孩子从容生活的故事

小小狼的完美洞穴

当小小狼得知父母同意它建造自己的屋子时，它开心极了。所有的小狼都非常想要拥有自己的屋子，它们可以在自己的屋子里快乐地玩耍、安静地休息。到了一定的年龄，小狼们都会开始建造自己的屋子，特别是那些居住在法国西南部森林里的狼。因为这个地区遭受着剧烈的南风，这种风的时速有时高达100公里/小时，有句俗语说的“令人发狂的风”就是形容这种风的！小小狼有一个建造小屋的完美想法。它希望它的小屋特别漂亮，漂亮得令世界上所有的狼都喜欢。同时，它的小屋也必须非常坚固。小小狼想起了狼父母们给狼宝宝们讲的大灰狼的故事。在故事里，只有第三只小猪娜娜用砖头建造的坚固小屋抵挡住了大灰狼的袭击。小小狼自言自语道："我也要建造一个坚不可摧的房屋，这样，令人发狂的风就不能毁坏我的家了。"

第二天清晨，小小狼就开始上山寻找大石头，并把石头归拢到一起。石头很重，每次它只能搬动一块。小小狼对自己说，这些石头肯定是有价值的。他仔细地设计小屋的每一处，没有忽视任何细节，比如，它想到应该做一个壁炉，这样冬天也会很温暖；窗户应该朝南开，小屋就能有充足的采光。总而言之，小小狼变成了一个真正的建筑师。现在是初秋，狂风会在春天来袭，还有的是时间。它把每一块石头都仔仔细细地码放好。有的时候，它对自己搬回来的石头不太满意，觉得它们太小了，或者太丑了，它就会丢掉这些石头出门寻找更漂亮的石头。其他的狼宝宝也在建造自己的屋子，有的狼宝宝进展很快。到圣诞节时，小小狼的一些小伙伴已经建成了自己的小屋！小小狼觉得它们的屋子不太美观，它想做得更好。然而，它也有点担心，因为它的屋子才码放了第一层石头。"我应该加快速度。"它一边想着，一边寻找着这个地区最大的石头。小小狼的父母看到屋子进展得很慢，向小小狼伸出了援手。然而小小狼对父母的帮助很不满，因为它觉得父母是在怀疑自己的办事能力。小小狼宣称，它自己就能把该做的事情做好，而且它已经把整个建造流程都计划好了！到了次年二月，小小狼的屋子依然处于刚开工的状态。地板全部都用大理石铺完了，但是墙才砌了一点点。现在，小小狼有点焦虑了，因为它的屋子还没有屋顶。小小狼从森林的尽头带回来很多旧木头。但是当它开始搭建房梁时，却觉得木头不够好，于是它把所有的木头都烧了，又去寻找质量更好的木头。

在这个时候，小小狼的伙伴们都在开心地玩耍，因为它们的屋子早已经建好了！它们嘲笑小小狼，并且警告它：小小狼太想做到完美了，它的屋子肯定建不完，现在已经建好的部分也会被狂风吹垮的。所有小狼们都笑着唱道："南风吹，南风吹，小小狼被南风吹，小小狼是磨蹭鬼，南风吹到它发狂！"这一下可激怒了小小狼，它非常愤怒！但是它安慰自己，它将建成一幢最完美的屋子，比其他小狼的屋子更加坚固美观的屋子。

终于，风提前来了，在小小狼搭好屋顶之前就到来了。一开始，小小狼还想趁风还没完全吹起来之前迅速把所有工程都完成，但是它没能做到。在季风到来时，小小狼非常恐慌，特别是当它感觉自己的屋子被越来越猛烈的大风摇撼时，它非常想哭。最后，它逃到了父母家里。风太大了，小小狼的漂亮小屋被吹得什么都不剩了。它非常难过。好几个月里，小小狼只能眼睁睁地看着伙伴们在自己的小屋里玩耍，而它自己却只能待在父母家。小小狼心中十分嫉妒，十分伤心。

第二年，小小狼重新画了新屋子的草图。这次小小狼吸取了教训，它对自己说：“我不能把屋子建得太复杂，这样才能进展得快。如果屋子没那么好看，那也没关系。最重要的就是我要在大风吹来之前完成工作。”这次，小小狼非常坚决。因为它对自己很有信心，也很冷静，它只花了两个月时间就建好了屋子！小小狼的父母和朋友都对它称赞不已，它也为自己干得这么快而感到自豪。小小狼还有时间安装窗帘，摆放沙发，当新屋子装饰好了之后它就可以在春天到来时招待朋友。如果你在西南部的森林里散步，你会认出小小狼的家：小小狼在门上画了一张吊床，象征家里面一直充满着安静与祥和。

10 孩子嫉妒

理解孩子身上发生了什么

孩子对公平很敏感

孩子对公平与否很敏感。他们甚至对自己受到的最微小的不公平待遇也反应激烈。他们时不时地就会喊:“这不公平!”“这样不行!”有时,你是导致孩子不开心的原因:“你没有给我买我想要的东西!”有时,是老师:“她对所有人都很亲切,除了对我!”有时是外部的力量导致的,比如一场雨使得已经计划好的出游被推迟了。孩子想要全世界,在得不到的时候,孩子会想:为什么不能给我我想要的东西?这不公平!其实,这个小人应该知道,没有人欠他什么,他的要求是不切实际的,他应当学习调整自己的沮丧情绪。

嫉妒心

当家里有几个孩子时，不公平的感受就会以嫉妒心的形式表现出来。每个孩子都会把兄弟姐妹得到的东西记下来，然后和自己得到的东西作比较。即使最微小的差别也会被注意到，孩子会大声并且激烈地抱怨:“他比我得到的亲亲多！”“他碰倒什么东西的时候，你们什么也不说，我碰倒了，你们就马上训我！”“你们总把最大的蛋糕分给他！”等等。

孩子抱怨家长不够爱他

当然，孩子的上述控诉都源于情感需求未能得到满足。当孩子感受不到爱，或感觉父母给的爱不够多时，他会要求得到父母更多的关爱。有时，孩子的这种申诉被家长糊弄过去了，他们会回答孩子，他们给所有人的爱都一样多。

这是错误的做法！虽然父母爱所有的孩子，但爱的方式并不一样。实际上，孩子对爱的体验都取决于父母与他的互动。每个孩子与父母的交流方式都不一样，比如，有的孩子爱撒娇，有的孩子更独立，父母以不同的方式回应每个孩子不同的情感诉求。每个孩子与父母互动的方式都反映了跟父母独一无二的关系。这就是为什么孩子会说，父母对待兄弟姐妹和对待自己的方式不一样。孩子的申诉是有道理的！

当然，当家中有一个新生命降临时，孩子对于小婴儿的嫉妒是不可避免的。婴儿需要照料、需要温暖、需要关注。有一些年长的孩子，特别是1~3岁的孩子，就会眼红了！他们很想回到之前的状态，变回父母唯一的孩子。他们的行为会出现退步，他们重新开始吮吸大拇指，或者要用奶瓶喝奶。他们会表达自己的感受:“家里的小婴儿从哪里来就送回哪里去！”“这个宝宝好丑！”“宝宝好笨！”“他什么都不会做！”对孩子来说，要理解“爸爸妈妈除了爱他居然还爱着另外一个宝宝”这点好难。可能孩子感受到的不公平会让你有负罪感，因为你感受到了他的忧伤、他的惶恐。孩子不好受，你也会感觉很难过。

学习分享并尊重别人

孩子有嫉妒心是成长中的一个正常阶段。为了避免孩子日后在他的朋友、爱人和同事面前显露出嫉妒心，你可以在目前这个阶段就帮助他战胜这种独占的欲求，使他学会如何分享和如何尊重他人。

我的建议

不要总是为自己辩护

避免说“我是公平的，我给每个孩子的爱都是一样多”这类话。你可能觉得这句话没有任何问题，你以为这句话能让孩子安心。但是，通常的情况是，这种话起不到任何作用。因为孩子会计算、会记得、会比较，你说的这句无足轻重的话有可能加重孩子的嫉妒心。

既然你说你给每个孩子的爱是一样多的，那么看看你是不是真的做到了。是不是应该承认，其实有很多次，你对孩子与对他的兄弟姐妹并不是完全一致。当然，你有自己的理由：好好亲一亲妹妹是因为她刚才和朋友吵架了，给妹妹的甜点多了点儿是因为她的咽炎刚刚好，等等。所有这些小细节都会被那个没有得到同样多的孩子记在心里，即使你认为你给这个孩子的东西一点儿都不比另一个孩子的差。

不要指责孩子

避免说那些带有指责意味的话，比如：“你嫉妒了，你真是个天生的淘气鬼”，或“不要再嫉妒了，这是不对的”，又或“你应该对她好点儿，她是你的妹妹啊，你们应该互相关爱”。这些批评即使是对的，也有可能加深孩子被孤立的感受。因为你并没有回答他目前的问题——爸爸妈妈还爱我吗？请让孩子表达出自己的感受，然后安抚他：“变得嫉妒是很正常的，你不得不和兄弟姐妹一起分享爸爸妈妈的爱，因此你总是不高兴。”父母要坚定地告诉孩子，你依然很爱他，你对他有信心，这样他才会知道你会永远爱他。

花时间在孩子身上

如果孩子有了一位小弟弟或小妹妹，作为父母的你对新生儿倾注格外的精力是很正常的。如果孩子的哥哥或姐姐生病了，你将自己的精力集中到照顾哥哥姐姐身上也是很正常的。但是你要安排出与孩子单独相处的时间。告诉他，你非常享受只有你们两人的时光。

重视孩子长子的地位

如果孩子是长子，提醒他，他是弟弟妹妹要模仿的人，他是一个榜样。这样说会使孩子感受到自己的价值。告诉孩子，对于弟弟妹妹而言，他将一直会是他们学习的榜样。无论他的年龄大小，你都会一直爱他。

告诉孩子，他是独一无二的

着重强调孩子的品质。通常，孩子会害怕父母更喜欢家中的其他孩子（他们更小、更可爱、更强壮、更聪明……）。与其跟孩子说他也很好，还不如强调他与众不同的特质，告诉孩子，正是这种与众不同的特质让他成为一个独一无二的人，像他现在这样刚刚好。我们爱孩子身上这种独一无二的特质。

积极的想象力练习

为了将不公平感表达出来

秘密树

这个练习主要有两大好处：第一个好处是孩子通过练习可以创造一个什么都能说的空间，在这个空间里，孩子什么都能倾诉，能将心里话说出来而不会受到斥责。这是一种排解压力的方式，孩子会得到情感上的解脱。第二个好处更加微妙，即引导孩子聆听自己内心的声音。我们知道，孩子身上有“感应天线”，这些“感应天线”能够让他们用另一种方式倾听。

秘密树会刺激孩子倾听自己的潜意识，潜意识产生的小小的声音在和自己对话。在进行这种练习时，孩子得到的回答一般都是大智慧。如果孩子不进行这种倾听，那就太遗憾了。

◆ 你可以建议孩子创造一棵自己的秘密树。这棵树可能长得和其他的树一样，除非它具有什么能够辨认出来的与众不同之处。当孩子的意念里出现了这棵树时，让孩子进行想象，然后向你描述这棵树的样子。

如果孩子想象不出来，你可以给孩子一点启发：“也许这是一棵比其他树都高的树，更粗壮的树，树的颜色也许非比寻常。想象这棵树跟其他树不同的地方，最好是你一眼就能认出来的那种不同——这是一棵秘密树。”

◆ 当孩子将他的秘密树想象出来时，告诉孩子，这是一棵神奇的大树，它能够听到孩子所有的秘密，因为在树干上跟孩子差不多高的地方刚好有一个树洞，孩子可以对着树洞说出自己的秘密。如果孩子想象出了树洞，告诉他，当他觉得有人对自己不公平或当他想倾诉自己的痛苦时，就可以来到秘密树旁边把秘密说出来。因为这棵秘密树可以保守秘密，孩子说的所有话只有他和秘密树知道。

◆ 在练习结束时，引导孩子倾听自己内心的声音："当你把所有的话都对秘密树说完后，仔细地听，因为秘密树可能会给你建议——这是一个只属于你的建议，一个帮助你感觉越来越好的方法。而且你身体里无所不知的那个部分也会好好记下这个建议，即使你有时忘记倾听，它也会自动记下来，这会使你感觉越来越好。"

◆ 如果孩子对你讲了他对秘密树说的话，或秘密树告诉他的话，那真是太好了！但是不要强迫孩子向你坦白，如果孩子只字不提，也请尊重他的沉默。这是他的世界，这棵秘密树的全部意义就是创造一个令人安心、值得信赖的空间，让孩子被倾听，没有人可以监视他或知道他说的内容。

使自己感到独一无二的故事

瘸腿猫

微笑是一只有着美丽的绿色眼睛的小黑猫。她温顺又可爱，当她还很小很小的时候，人们就觉得她有一张笑脸，这就是为什么她被叫作微笑的原因。如果她没有那只丑陋的爪子，那么一切都是完美的，那只爪子令她很苦恼！是的，她出生时，一只前爪就有问题，这让她成了一个瘸子。最让她伤心的是，其他的小猫一起玩线团、玩球、玩各种各样的游戏，但是他们却从来不愿意和她一起玩。

微笑完全丧失了信心，她觉得自己是一只丑陋的、愚蠢的、没人喜欢的猫。她很愤怒，觉得生活对她不公平。“为什么偏偏是我？”，她在妈妈面前抽泣起来。妈妈告诉她，应该和其他的小猫一起玩，但是微笑做不到，因为别的小猫不接受她，至少她自己是这么想的。

其实，是她不敢加入到玩耍的小猫当中去，她害怕自己被抛弃或被别人嘲笑。因此，她总是形单影只。她孤零零地走来走去，开始玩一些能让自己跳得更高的游戏。哪怕仅凭着三只爪子，她也能够跳得出奇的高！有一天，她又感到伤心和孤独了，她的爸爸建议她找找自己与其他猫有什么不同的地方。

微笑回答道：“这很明显，我少一只爪子！”

“不是的，”猫爸爸说道，“你应该找一找你和别人相比有什么长处！”

“你呀，老惦记着自己的前爪，除了这只爪子，就没有其他对你来说重要的东西了吗？而且，你以为其他的小猫只盯着你的前爪，这不是真的。想一想，你肯定有一些值得骄傲的长处。我们都是独一无二的，而且我们都有一些与众不同的特质！”

微笑叹了一口气：“这真是乱弹琴！”然后她四爪伸长趴在太阳地里，就像她平日里思考时的状态。突然间，她看着自己三只肌肉发达的腿，对自己说：“这就是我的长处！我有非常有力的后爪，我能蹦上两米高的墙！没有任何一只猫可以打破我的记录！”微笑对于这个新发现感到很自豪、很兴奋，她组织了一场“谁能跳得最高”的比赛。来自四面八方的猫都参加了这次比赛。猜猜谁是冠军？对！就是她——微笑！看她是多么骄傲！

所有猫都很羡慕微笑，他们都想跳得像她一样高，但没有谁能做到。从此以后，大家都不再在意微笑那只残缺的爪子了。大家都只看到了一件事：在那些孤独的日子里，微笑是那么努力，她的努力使她有所收获。

11 孩子爱撒谎

理解孩子身上发生了什么

到了一定的年龄，大部分孩子都会用撒谎来掩盖事实。判断孩子撒谎这件事是否是孩子的品行出了问题，要取决于谎言的内容以及撒谎的频率。从孩子会说话开始，语言能力不断发展，等到 3 岁左右，孩子终于能够实现用语言来描述现实。一开始，孩子没想过欺骗周围的人。撒谎首先是源于一个发现：我居然能够拥有一些想法和做出一些行为来，而爸爸妈妈发现不了我的这些想法和行为。这是孩子区别于其他个体的方式，能够帮助孩子实现个性化。这是一个虚构故事的年龄，孩子会编造一些令人难以置信的故事，然后信誓旦旦地告诉你这是真的。这个年龄段的孩子进行故事编造是一件特别好的事情，你无须担忧，这个过程是完全正常的，它能够让孩子自我肯定并彰显个性。当然，如果孩子完全脱离现实编造出一件事，这是令人担心的。如果情况完全相反，即孩子从来不虚构故事，这也令人担忧。

这不是我干的！

一般在 4 岁以前，孩子没有骗人的意图。到了更大一点儿，大概 4~5 岁，孩子才会发现不说出全部事实的乐趣。因此开始了“这不是我干的”的阶段。对于那些最常见的谎言，其背后总有一些隐藏的缘由，让我们来看看一些主要的缘由。

为了脱罪

大部分时候，谎言都是为了掩盖失误，无论这个失误有多小。比如，打翻了巧克力酱罐子，打碎一只碗，需要父母给没考好的试卷签字，偷吃了放在盘子里的蛋糕，等等。因此，许多没考好的孩子因为觉得丢脸，会把成绩单藏起来，或趁父母发现之前迅速把打碎了的玻璃杯丢进垃圾桶。当父母问“这是谁干的？”的时候，他们会回答自己不知道，或说这是弟弟干的。

这是一个良好的信号，因为这种行为表明孩子已经知晓家庭规则，能够分辨好与坏。他知道自己违反了规则，也感觉自己有错。他会掩盖自己的错误，并且耍个花招让自己不被惩罚。你也不要对孩子太粗暴，因为承认自己应当对某个错误负责从来都不是一件让人好受的事。如果他对你说出真相，他会感觉你有可能觉得他不是个好孩子了，甚至不那么爱他了。谎言被想象成对抗伤害和抛弃的挡箭牌，这说明孩子其实已经领悟奖赏与惩罚的规则了。

而且，孩子耍的花招表明他很懂得同理心的使用分寸。当他发现自己做了错事时，他能够站在你的位置上来思考和预测当你发现他干了坏事时的心理活动。在这种情况下，谎言就变成了聪明的、有创造性的花招。只要孩子不滥用谎言，就不会导致任何严重的后果。

你需要让孩子知道，你并没有被他所蒙蔽，同时，你对他所干的坏事也很不高兴。给孩子解释谎言的危害："我需要对你有信心，如果你骗人，我以后就没办法再相信你了。"有时孩子骗人是为了确认规则是清晰而牢固的，是为了试探家庭规则是否不可被打破，这时你应该向孩子明确规则！

为了让自己受到重视

孩子有可能借助谎言来获得更多好感或更多的爱。例如，让别人相信自己赢得了字谜游戏，以此来获得奖赏，但其实是哥哥赢了游戏。

如果类似的撒谎行为重复发生，那么你需要倾听孩子的潜意识想要对你说的话，有可能孩子需要增强自信。了解一下孩子和学校里的伙伴相处得怎么样，他是不是受到了排挤、嘲笑或批评。如果是这种情况，让孩子通过参加集体活动来使自己感觉好一点儿。和孩子一起找一项他特别擅长的游戏或体育运动，通过自己和别人的见证，让孩子感受到自己是有价值的，这对孩子是很有好处的。

为了掩盖残酷的现实

有些孩子会编造出与自己真实生活完全不同的一种生活，我在妇幼保健中心认识的一个小女孩就是这种情况。她与母亲和两个弟弟住在破旧的，到处是蟑螂的小旅馆，她为此感到很羞耻。她却说自己住在一处美丽宽敞的公寓，并且过得很好。这个小可怜将她所不能承受的现实美化了。她很清楚这不是真的，但这是她能找到的留住朋友的托词。因为她不能招待朋友们去她家里玩，她就编造了新的谎言："我家正在装修，之后会很漂亮的。现在，我妈妈不希望家里来人。"她为了逃避沉重的现实生活，将其进行了美化。

同样地，一个父母离异的孩子有可能编造出自己有一个经常会给他打电话，定期给他寄礼物的慈爱父亲，而实际上，孩子的父亲已经很久没有露过面了。在这里，谎言表明孩子有良好的自我保护能力，他很希望得到父母的宠溺和爱护，使自己能够继续生活下去。这种防御机制并不代表孩子有心理疾病，除非孩子真的开始相信自己的谎言。

为了包庇亲近的人

因为这个原因而撒谎的孩子，大多是那些父母离异的孩子。要么是父母中的一方让孩子撒谎："不要告诉你妈妈我交了一个新女友，这是我们俩之间的秘密""不要告诉你爸爸我们马上要搬家到一个很远的地方，他会气得疯掉"。要么就是孩子自己明白有些事情最好不要说出来，因为可能会伤害父母，而如果伤害到了父母，孩子就会觉得自己犯了错。当家庭里出现争吵和分离时，孩子完全意识得到。他有可能决定撒个谎来换回平静，或让父母重归于好，这是所有的孩子最真切最自然的心愿。

我的建议

要采取怎样的态度？

默许孩子撒谎是不可能的，所以不要对他太宽容。当然，把事情搞成一出闹剧也是没有用的，没有必要喊叫或用告诉所有人他是个小骗子的方式来惩罚他。因为这样的话，孩子会感觉自尊心受到了伤害，他会怨恨你，而且还有可能刺激他重新开始说谎，以此来避免惩罚。也不要在他承认自己撒谎以后奖赏他任何礼物，这样做会鼓励他撒谎。

你要告诉孩子，你知道他撒谎了。此时给孩子讲道理更为有效，因为这能使孩子减轻身上的负罪感。你要给孩子重申他必须遵守的家庭规则。你可以利用这个机会给孩子增加新的家规，你也可以适时补充说，你之前可能没有好好地说明那些不能做的事。这么做能减轻孩子的负罪感，这时孩子会更好地将你说的话听进去。在你讲话时，可以伴随着或坚定或愤怒的眼神，使孩子更好地理解信息，这种方式在很多情况下都适用。如果孩子是一个“惯犯”，可以跟孩子一起把规则写在纸上。你的话语中带有一丝丝幽默能够更好地传达到孩子头脑中，尤其对于那些“小坏蛋”而言，他们能很好地领悟这种幽默，但要避免使用特别讥讽的语气。幽默能起到缓和气氛的作用，幽默表明你理解孩子的谎言并没有带来太过严重的后果。避免使用审问的语气与孩子交谈，慢慢地让他讲出真相，然后接受他的道歉。祝贺他说出了真相，因为做到这点并不容易。你们二人都需要将一天里接下来的时光过得轻松一些。孩子自己会明白：说出事情的真相才是更好的选择。

不要混淆惩罚与爱

告诉孩子，生活在和谐与相互信任的环境里是非常有必要的。如果他对你撒谎，你就会习惯性地对他产生怀疑，注意这时要将对孩子的爱意与怀疑分开。即使你很失望、生气，也要注意你的言辞。不要让孩子产生你不再爱他了的联想。避免说这样的话：“如果你继续撒谎，我就不会像从前一样爱你了”或“我不喜欢骗子”。最好是说你不同意他的做法或说法。如果孩子把没考好的试卷藏了起来，不要闹得全家或者街头巷尾的邻居都知道，不要给孩子贴上“骗子”的标签。不要忘了，孩子通常会成为别人认为的样子。当别人把他当作骗子来对待，他有可能真的变成骗子。

不要总盯着每一丝可疑的迹象

不要总是怀疑孩子会撒谎。你不能把对孩子的教育建立在对孩子的怀疑上，也不能确保孩子永远对你说真话。你的孩子有可能不再认为说真话有好处，于是变本加厉地撒谎，因为无论他撒谎与否，你的反应都是一样的。持续性的压力对你和孩子都不好。最好和孩子说话的时候强调一下他撒过的谎，并且告诉孩子，如果他能把事情说出来，一切都会简单许多，但是你也知道要承认自己的谎言有多困难，你能理解他，但不赞同他所做的事情。如果你觉得孩子确实做得太过分了，你可以咨询儿童心理专家，以便重新建立对孩子的信任，让家庭保持良好的氛围。

榜样的作用

作为成年人和父母，请记住你是孩子的榜样。也许你自己都没有意识到自己曾经撒过谎，但却被孩子看在了眼里。例如，你为了得到一张火车票优惠券，就信誓旦旦地跟别人保证，你的孩子还不到4岁，然而实际情况是你的孩子今年都5岁了。(法国国家铁路公司规定4岁以下的儿童可与家长同坐一个座位，免票；4~12岁儿童半价票。）当你这样欺骗别人时，孩子会觉得欺骗别人是可以接受的，他也可以通过骗人的手段来实现目的而免于惩罚。或者是当你跟最好的朋友说今晚没法去参加他的聚会了，因为你感冒非常严重，但是孩子就眼睁睁地看着你好好的。如果你想要扭曲事实，就该明确地告诉孩子，这些是小小的社交谎言，向孩子解释谎言也是分程度的，有时你会真假参半，但是不会产生严重的后果。

积极的想象力练习

为了摆脱谎言的重负

我的谎言口袋

这个练习将帮助孩子摆脱从前和现在的谎言负担。在潜意识的领域，这意味着孩子将不再带着阻碍他的事物前行，摆脱负罪感的束缚，重新以轻盈的步子朝着真实的世界迈出正确的一步。

◆ 建议孩子想象一个“装满谎言的口袋”。帮助孩子对口袋进行想象：“这是一只大口袋还是一只小口袋？口袋装满了吗？口袋沉吗？只有你能感受到谎言口袋的重量。我在想，你是把它挎在肩膀上，还是像背书包一样背在背上，还是用手拿着？”

让孩子将他想象到的图像描述给你。

◆ 然后接着说："口袋里一定有你想要拿出来的谎言——那些背着太沉重的谎言。把你的手伸进口袋里，然后拿走那些最沉的。也许你知道这些谎言是关于什么的，也许你不知道。也许是很久以前撒的一个谎，也许是最近撒的谎。有趣的是，你也许会发现，每个谎言都有自己的形状和颜色。"如果孩子愿意，可以让他描述自己看到的或感受到的东西。

◆ 如果他不能感受到谎言像什么，告诉孩子这不是个问题，接着说："即使你自己忘记了，你身体里还是有一个部分知道你已经从口袋里把谎言拿走了。"引导孩子感觉自己现在更轻松了，他的谎言口袋更轻了。"你的口袋变轻了，背着一个很轻的口袋是多么轻松啊！"

让孩子说出真话的故事

天使的谎言

她叫安吉，是一位天使。就像所有天使一样，她住在天堂。她梦想着能像其他天使一样帮助凡间的人类，将他们引向和平。有一天，天使们的长官大天使告诉安吉，他决定派安吉去萨斯城——一座坐落在海边的美丽小城——

去帮助那儿的居民。安吉高兴极了，她最喜欢海滩了！当她到达萨斯城时，她把所有时间都花在海滩上，躺在细沙上做着白日梦，这是多么的惬意！她还制造一些闹剧，因为她天生爱玩闹。当别人斥责她时，她就会说："不，这不是我干的！"然后躲在一旁偷笑。

哦，这都是一些善意的玩笑，但确实，她被派下凡间并不是去恶作剧的！

随着时间的流逝，安吉发现，萨斯城里的一切都很混乱。有太多的争吵，太多的愤怒和不公平。这时已经临近安吉返回天堂报告工作的日子了，安吉心想：等我从天堂回来再解决问题吧。于是她返回了天堂。她见到了大天使，大天使问她萨斯城的事办得是否顺利。她回答道："是的，一切都很好。"大天使怀疑地问道："这是真的吗？没有争吵？"安吉故意表现得很镇定："即使有争吵，我也会把他们引向和平，当然就没有争吵了！"但即使安吉撒谎，她从心底里也知道这样做是不对的。

她没有认真对待这件事。她想着，只要隐瞒事实真相，她就有办法解决麻烦事。

她甚至对自己说，也许运气好点儿，萨斯城的麻烦事能够自动解决。

但是，当安吉重新回到人间时，一切都变得更糟了！她没有办法再靠自己的力量帮助人们，她真的非常需要帮助。但是如果她说出真相，会发生什么呢？

她会被痛斥，再也不能待在沙滩上懒洋洋地躺着了。另一方面，安吉觉得总有一天，大天使会发现这个弥天大谎！

因此她做了一个勇敢的决定，要在事情变得更糟之前把一切都告诉大天使。她飞向天堂，准备把所有的事实都告诉他。

其实，大天使已经知道了萨斯城发生的事。他还是希望安吉能主动告诉他事实真相。

“你准备怎样弥补自己犯下的错误？”他问道。安吉知道在这种情况下应该做些什么：“同几位和平的信使一起下到凡间，在全城散播新的光明。”“很好”，大天使说，“我觉得你现在已经得到了教训，我很想知道自己还能不能继续相信你。我再给你一次机会，你要给萨斯城带去和平。”

安吉返回了萨斯城，把它变成了人间最美好的城市。从此，除了偶尔开一些无伤大雅的玩笑之外，她再也没有说过谎。

12 孩子被人嘲笑

理解孩子身上发生了什么

集体生活是一个契机，能够让孩子面对同龄人，进行自我肯定，找寻自己身上的力量。有些孩子通过领导另一些处于弱势地位的孩子来彰显自己的力量，这样一来集体中就有了领导者和追随者的角色分工。那些被认为脆弱的孩子变成了小团体中领导者的陪衬，以此来凸显后者的威望，于是针对他们的戏弄开始了。

被嘲笑的原因

被戏弄的目标很多，他们通常是学校走廊上的一些小可怜，他们被起贬义的绰号，这些绰号通常和他们的外貌有关，比如大胖子、骨头架子、斜眼、长颈鹿、红毛小子等等。这些孩子被嘲笑的通常是他们的口吃、害羞、胆小，以及姓名、穿着、行为、出身或肤色。

同情心并非与生俱来，而是需要学习的

那些最强壮的孩子们特别享受消遣别人的时刻。当孩子们聚在一起，远离成年人的视线时，他们会拿看上去最弱小，或看上去与别人不一样的孩子消遣。这对这些孩子们来说很容易，6岁之前的孩子对伤害的概念很模糊，6岁之后的孩子通过他人，比如老师、家长，以及那些被伤害者的反应，渐渐地明白他的一些行为会对另一个人造成伤害。如今，由于社交网络的出现，原本的欺负范围由学校进一步扩大。网络上聚集了众多的戏弄者，更加重了那些弱小孩子的痛苦，他们受到越来越多的人欺负。

被嘲笑将导致心理问题

对于孩子所说的一切关于自己被嘲笑的经历，你都应该严肃对待。因为如果欺凌重复出现，孩子有可能会产生生理和心理的不适，比如做噩梦、自卑、厌学。

孩子们难以表达自己的感受，他们通常会担心如果对父母或老师讲出事情的真相，会遭到更严重的嘲笑或欺凌。然而，这种缄默会加重孤独感，让孩子变得更脆弱。

我的建议

察觉孩子的变化

被嘲笑是很常见的，所有的孩子都有可能受到嘲笑，只是你的孩子可能没有注意到这一点。他可能会抱怨为什么受到嘲笑的总是自己。如果你的孩子有这种感觉，那么你要鼓励他去寻找还击嘲笑的方法，或者鼓励他寻找自己的玩伴——那些在一起玩耍时感觉平等而愉快的玩伴，而不是那些与自己的关系不稳定，喜欢将他人玩弄于股掌之中的玩伴。如果你发现孩子的学习成绩下降，经常做噩梦，或有生理不适（胃痛或头痛等），又或者他的笑容越来越少，甚至害怕去上学，这时你就需要重视了，你应该坐下来和孩子好好谈一谈。刚开始大部分孩子对自己的遭遇都会只字不提，他们会觉得如果他们将事情告诉了父母，情况只会变得更加糟糕。你应该获取孩子的信任，告诉孩子你就在他身边，你随时准备帮助他，他可以告诉你一切，并且信任你的帮助。如果他依旧不愿开口，最好去找儿童心理咨询师寻求帮助。

不要被情绪淹没

当孩子哭着回家，说自己一整天都被人叫作“大废物”时，父母的心都揪在一起。这很正常。有可能是孩子遭受嘲笑的经历唤醒了你自己小时候被捉弄的记忆，但是，请保持镇定，不要显露出自己的慌乱。如果你作为一个成年人都不镇定，孩子会认为没有人能够帮助他了。告诉孩子，他能跟你谈起这件事让你很欣慰。然后请他放心，因为你们会一起找到一个解决问题的方法。另外，如果你当年有一些对抗嘲笑的策略，不妨分享给孩子，并告诉他这一招行得通，因为你自己就安然无恙地长大了。

帮助孩子爱自己

在校园里最容易被戏弄的就是那些不自信的孩子。那些戏弄者会迅速发现这些孩子自身的缺陷。但是随着孩子自信心的加强，他会爱上自己本来的样子，对自己更加确信，从而被人尊重。如果孩子受到了戏弄，请抓住这个机会，通过提醒孩子注意那些自身拥有的可以引以为傲的长处——比如学习成绩很好、懂音乐、会踢足球等等，来增强自信，战胜被嘲笑的恐惧。

结盟的策略

通常，父母会让孩子“不要放在心上”或者“装聋作哑”，但是这样的态度会让戏弄者变本加厉。另一些父母会鼓励孩子通过抵抗甚至使用武力来进行自我防卫，这些方法有可能将孩子置于打斗的境地。孩子不一定能获胜，反而会导致双重消极的影响：感觉自己打了败仗，同时因为在你眼前证实了自己的软弱而感到羞耻。最有效的办法就是为孩子找到一个或几个盟友。嘲笑是一种为了孤立孩子而产生的群体现象，这种孤立可以被孩子自己结成的小圈子所破除。有时只需要找到一个伙伴，孩子就能勇敢地面对他人。你也可以提醒孩子，如果还有戏弄他的事发生，老师和校长会保护他。

角色扮演

还有什么游戏比让孩子扮演一个强大的角色更有趣、更能让孩子感觉自身强大！在纸板上写上象征力量与胜利的角色的名字：国王、公主、法官、狼、狮子、骑士、女神。指着某一张纸板让孩子模仿角色，你会为这个小游戏带给孩子的影响而感到惊讶。孩子通过模仿所扮演的角色说话的方式、态度和姿态，激发了自身的自信。以这样的精神状态，孩子会很好地融入游戏，如果他愿意，可以去参加一节戏剧课，在课上他会感到自己身上好像住着许多具有不同人格特征的精灵，只要孩子愿意，他就可以“唤醒”那些积极的精灵。

积极的想象力练习

为了让自己的内心变强大

我的水晶奖杯

这个想象力练习能够让孩子总结自己身上所有美好的品质。首先，让孩子把自己所有的优秀品质列举出来，让他珍视这些品质，并将这些品质装到一个水晶奖杯里。其次，孩子要区分出那些消极的因素，那些破坏水晶奖杯和谐的不速之客。这种练习能够让孩子的潜意识把所有的优秀品质摆在面前，同时剔除对自己有消极影响的外界因素，孩子会由此明白自己有能力消除困扰。

◆ 让孩子想象自己有一个神奇的水晶奖杯。孩子可以用手比划出奖杯的形状和大小。鼓励孩子用手感受奖杯的重量，是重还是轻？描述奖杯的样子，奖杯是点缀着钻石，还是镶着金色的边？还有没有其他细节？

◆ 告诉孩子，这个奖杯里装着孩子所有的美好品质。你可以帮助孩子把这些内容描述出来。例如，他惹人喜爱的一面，他强大的幽默感，他可以跑得很快，他会阅读、会画画，等等。所有这些品质都变成了填满奖杯的神奇物品，这些物品可以是珠宝、羽毛、闪光星等等。

◆ 当孩子列举完奖杯里装着的东西时，可能会发现奖杯里面掺杂着一些不速之客。这些是他不喜欢的东西，可能因为它们的颜色、形状或它们代表的含义不讨人喜欢。等孩子说出他发现的异物，给孩子一些启示，告诉孩子这些是在学校或在家里产生的令他困扰的事物，是恐惧、嘲笑和伤心事，是生活中孩子不喜欢的时刻，孩子觉得这些东西不美丽是正常的。

◆ 然后，让他把想要丢掉的异物从奖杯里拿出来。一旦这些东西被拿出去了，孩子会感觉到自己的奖杯是多么美妙，它比以前更美了。问问孩子奖杯的哪一点最令他喜爱，是它的颜色还是它的形状?

◆ 每天晚上在孩子睡觉前，他会想起这个流光溢彩的水晶奖杯。如果白天他发现奖杯里有一个没有被过滤掉的异物，他可以将它从奖杯里拿出来，使得奖杯一直保持完美。同理，如果他想往里面放一些自己喜欢的事物，也可以加入奖杯中，当孩子慢慢长大，他会发现自己的水晶奖杯也渐渐被填满。

认识自身真正价值的故事

农民的奖赏

从前，在一个离我们非常遥远的国家，有一位农民叫诺伯特，这是关于他的故事。但是，故事也有可能就发生在你家附近，也许你在某一天和这位年长的农民打过照面，你和他有着一样的经历，但你却对这一点浑然不知。

诺伯特拥有一片很大的土地，他很喜欢在田地里劳作。他翻土、耕地、播种，还养着10头母牛、8只羊和6只母鸡。农场有很多农活，而整个农场的农活都由诺伯特一个人完成，因此他很忙碌，而且，他喜欢按照传统的方式工作，从不使用现代化的机器。其他农民都嘲笑诺伯特的死板，当他们聚会时，从不会邀请诺伯特，因为他们觉得他是个异类。诺伯特穿衣服的方式与众不同，他穿着一双大大的木鞋，而别的农民们都穿着好看的靴子。诺伯特劳作的方式也独树一帜，他从不使用机器，而其他农民们都有闪闪发亮的播种机。他们只需要坐进自己的播种机，按一下开关，机器就会自动工作起来。在他们看来，这确实太便捷了，他们真的不理解为什么诺伯特要拒绝现代化的东西！这个老家伙对着自己的动物说话，甚至对着自己的植物说话，这让所有人都笑掉大牙。此外，时不时地就会有农民路过诺伯特的田地，对他喊道："嘿，你有没有问问你的羊今天吃得怎么样啊？"或"哎哟，你的西红柿长得可不怎么样，你没有好好安抚它们吗？"诺伯特非常清楚他们是在嘲笑他，有的时候，他也会感到难受。他回答道："那么你呢，你还是不肯跟自己的牛说话吗？"

当其他农民每月聚会时，他们会尽情嘲笑这个有名的诺伯特，他们会一边模仿他一边放声大笑。他们模仿他对鸡说话、对花朵说话、对植物说话，甚至还会对发芽的小种子说话。他对它们说：“快快发芽吧，你会变成一株漂亮的植物。”而且他也确实拥有整个地区最漂亮的植物！当然了，他的农作物产量可没有别的农民多。当诺伯特外出散步看到别人田里大片的郁金香、玫瑰和一望无际的小麦、油菜、土豆时，敏感的诺伯特会觉得这些植物都好像被囚禁了。他再转头看看自己的小灌木和花朵，都长得直直的，诺伯特觉得它们非常骄傲，毕竟它们能生长在诺伯特的田地里。总而言之，这是他的想法。然而，诺伯特花了那么长的时间打理自己的田地，却只挣到很少的钱，他种植的花朵和西红柿刚刚够维持生计。商人需要采购大量的农作物，而诺伯特的土地产量太少了，所以他们转而采购那些使用现代化设备的农民的作物。

春去秋来，诺伯特越来越难以忍受其他农民的嘲笑。因为害怕碰到他们，他甚至不再去村子里，也不再沿着他们的田地散步，他知道自己去了就会难受。诺伯特变得越来越孤独了。幸好，他还有绵羊和热闹的牛群，还有那些会变成美丽花朵的种子，它们让他备感欣慰。尽管如此，诺伯特还是暗暗希望别人能接受他，逐渐认识到他的价值，他希望自己也能够加入他们的聚会，跟他们一起开心地玩乐。

人生起伏无常，那些执着追随着自己内心生活的人终会得到命运的眷顾。盛夏，一位商人来到诺伯特家拜访。当时诺伯特正在向他种植的美丽的朝鲜蓟表示祝贺。他突然发现门口有一位陌生人正在盯着他。诺伯特觉得很困窘，他等着这位好奇的商人像其他人一样嘲笑自己，但这个商人并没有嘲笑，相反，他对诺伯特很感兴趣。最后，他希望用高价收购诺伯特的农作物。诺伯特很自豪，他终于看到自己倾注的心血得到了回报。这个消息迅速传开了，从此以后，诺伯特成了村子里的大明星，所有人都愿意听从他的建议。所有人都羡慕他的名气，但大家更羡慕他能够追随自己的内心去生活。

13 孩子需要面对死亡

理解孩子身上发生了什么

当你不得不向孩子传达一位与他关系亲近的人的死讯时，你感到焦虑是很正常的。你肯定会担心，不知道该对孩子说什么好，你支支吾吾、左右搪塞，你担心自己的话语会让孩子变得焦虑。这些顾虑是正常的，也肯定勾起了你类似的痛苦回忆，使你想起在你小的时候面对丧事时的哀痛无助。因此，你很担心，连你自己都未曾获得过对抗悲痛的武器，又如何教给孩子该用什么态度面对死亡呢？你不想让孩子也遭受痛苦的折磨。但是，当孩子身边的人都沉浸在悲痛之中时，孩子真的需要被保护起来不去直面痛苦吗？痛苦难道不是完整人生的一部分吗？你要对孩子有信心，他们有消化痛苦和排解压力的方法。战胜痛苦需要的时间长短取决于孩子的年龄和性格，也取决于他们之前的经历以及与逝者的亲密程度。

即使孩子还小，也应该告诉他

如果孩子处于婴儿时期，父亲或母亲的突然缺席会被孩子的身体感知到。孩子会感觉到他的世界里失去了某种感觉，如爱抚、气味、声音、怀抱等。即使你认为把事实告诉孩子毫无用处，也请告诉他。即使婴儿听不懂语言，他的直觉也能让他理解发生了什么。孩子的潜意识会接受失去父亲或母亲的事实。即使你自己很悲伤，也要花时间来安抚孩子，从身体上和情感上给予孩子温暖，带给孩子情感的滋养。情感需求与营养需求对孩子来说同样重要，一个幼小的孩子需要得到感官的安抚，才能有安全感。

明确告诉他

如果孩子再大些，你就需要回答他提出的问题了。3~5 岁的孩子会询问父母，为什么某个他熟悉的人缺席了聚会。他们已经经历过一些离别，比如和保姆分开、去上托儿所或幼儿园、弄丢了娃娃，等等。死亡也是令他们担忧的话题，孩子并不知道死亡是一种永恒的状态。你的孩子可能已经在家人、书中或者动画片里的角色离世时询问过关于死亡的问题。当孩子提出这些疑问时，你可以好好回答孩子的问题，让孩子理解这件事。这是向孩子传递你的精神信仰的时刻。你可以根据自己的宗教信仰、自己的哲学观点或者自己本身关于这个话题的观点，来给予孩子解答。如果你对此完全没有概念，你也可以告诉孩子，你不知道人死后会发生什么。告诉孩子，死亡是不能避免的，当时机到了，人们就会停止活着的状态，每个人都无能为力。因此要享受生活，热爱我们周围的人，做令我们开心的事。

我的建议

最好说出真相

有些父母对亲人的离世深为震惊，更愿意对其去世的消息缄口不语或者回避问题，他们对孩子说，那位亲人“踏上了长长的旅程”，或“飞向天堂了”，或“去睡了一个长长的觉”。撒这些谎的理由是孩子太小了，不能听这样的坏消息；或说孩子听不懂，孩子应当被保护起来不要听这样的消息。家长觉得可以迟一些，等孩子长大一点儿再说这件事。但是，请想象一下，听到这种言辞，孩子深信亲人还在，他将会永远等着那个已经去世的人回来。

应该要让孩子知道，那个人不会再回来了，但是他会一直在孩子的心里，当孩子思念他的时候，他就会出现在孩子的脑海里。只要闭上双眼，想着那个人，他就会出现。

谎言与忽略真相会困扰孩子

我认识一位因为丈夫的死亡而不知所措的母亲，她告诉自己的孩子们，他们的父亲外出买糖了。两年后这位抑郁的母亲来到我的诊所向我咨询，坦言直到现在仍然没有向孩子们宣布父亲的死讯，她觉得孩子们还小，不能听到这种消息。医院保健科的医生告诉我这三个孩子的行为很古怪，他们会持续地摆动身体。直到孩子们的母亲对他们说出了真相后，孩子们才都恢复了正常。孩子们和母亲终于都回到了原来的生活轨迹。我总是建议你讲出事情的真相，谎言有可能会动摇孩子对你和对其他成年人的信任，也有可能动摇孩子对自我的信任。

孩子会学习适应生活中的坎坷

说出你对事情的感受，使用与孩子年龄相符的词语，不要讲细节部分。你有可能变得情绪激动，甚至难过得说不下去。不要担心，孩子需要学会面对生活中的坎坷，通过这些经历，他能重塑自我。孩子会记住现在的痛苦时刻，但是他也会懂得生活还要继续下去。向孩子宣布一位年长祖父母离世的消息总是比宣布父母离世的消息更容易一些，我们可以向孩子解释说这就是生命的轮回，当生命到了尽头，我们就会死亡。当涉及宣告哥哥或姐姐的离世时，情况要更加复杂和艰难。

消除孩子的负罪感

4 岁左右的孩子有可能会产生负罪感。由于孩子内心的俄狄浦斯情结作祟，他会想象自己能取代跟他同性别的家长。他有可能会在某个时刻产生“希望他死掉”的念头，这样就能独占另一位家长。因此，当父亲或者母亲离世时，孩子会觉得对于亲人的去世，他也有责任。

当孩子有兄弟姐妹离世时，他也会产生同样的想法，因为他之前“希望对方死掉”，这样自己就能变成父母唯一疼爱的孩子。在这种情况下，孩子也会觉得自己有责任。你应当告诉孩子，他的这些想法并不会真的杀死一个人。

相互矛盾的话语也会引发孩子的负罪感。例如，当亲人们很悲恸，但是却对孩子说自己一切都好，或者当孩子问“为什么妈妈不在”，别人告诉他“妈妈出去旅行了”，这种与现实不符的话语会促使孩子从自己身上找原因。他会觉得妈妈不说再见就走了，是因为自己不够乖；爸爸那么伤心，是因为爸爸生我的气。

让孩子感到安心

虽然孩子们提问的方式因年龄而有所不同，但他们都想知道答案。年龄小的孩子可能会反复问同样的问题，年龄稍大的孩子会询问关于意外或病情的更多细节。每次都得到同样的解释会让年龄小的孩子得到安抚，透漏细节会让年龄大的孩子感觉安心。可见回答孩子的问题是很重要的。集中注意力，倾听孩子所表达的痛苦。如果对话勾起你太多痛苦的回忆，你可以向自己信赖的人寻求帮助，让他告诉孩子：你现在无法跟孩子谈论这件事，因为你身上还背负着巨大的痛苦。如果你有几个孩子，他们排遣压力的方式可能各不相同。有的孩子可能会一直哭泣，你应该接受孩子的悲恸，不要跟孩子说“坚强点”或“要能承受打击”，让孩子以自己的方式表达痛苦。当你宣布坏消息时，有些孩子可能会继续玩玩具，或跟你谈论起其他事情。这时你也不要生气，每个孩子都有自己的适应过程，应当尊重孩子的节奏，因为当消息刚刚宣布的时候，孩子对这个消息的感受并不深刻而具体。在接下来的几天里，孩子将体会到心爱的人不在的事实，然后肯定会主动找你谈起这件事。

你还要让孩子深信你在他的身边，你会永远爱他、陪伴他。如果孩子害怕你也会去世，与逝者为伴，你可以坚定地告诉孩子，你不可能生病，也不可能去世。告诉孩子关于未来生活的规划。如果父母双方有一人离世，剩下的那一方要用不会改变的事来让孩子安心。给孩子描述新生活的细节，告诉孩子，他会永远被爱着，一直会有人陪在他身边照顾他。

追思会

家庭的定期追思会能够帮助大人和孩子渡过难关。这是一种古老的、有固定模式的、被大家所熟知的仪式。在追思会上，那些失去心爱之人的人聚集到一起，他们追思逝者，互相支持，互相依靠。当有宗教仪式时，你的孩子也可以出席，即使你觉得他什么也没听进去，或者只顾在地上玩，没有意识到发生了什么事。孩子在场就足够了。孩子在那儿，在你们中间，在这场凝聚所有人的家庭聚会中，他也参与其中。在这个集体中，孩子有了自己的位置。

同样地，孩子也可以最后再看一眼逝者的面容，这样他会确切地知道，这个人的生命永远地结束了。然而如果你的孩子拒绝参加葬礼，那么你应该尊重孩子的想法，问问孩子是否明白自己拒绝参加的原因。无论孩子到场与否，他都可以以自己的方式——向逝者献上一幅画，说一句话，亲自或由他人代劳在墓碑前放上一束花向逝者告别。墓地和天堂都应当被当作是寄托爱和思念的地方。

当孩子失去了自己的宠物

如果孩子的宠物去世了，也会引起他巨大的悲痛。你不要嘲笑孩子。就像对待人类离世一样，你只需对孩子说出事实，并对孩子解释发生了什么，而不要对孩子撒谎。你可以帮助孩子组织一场对宠物的告别仪式。如果可以的话，将宠物与它最喜欢的玩具一起安葬在自家的花园里，或让孩子为这个小小的逝者画一幅画像。

积极的想象力练习

为了能够再次见到逝去的亲人

光之门

当孩子不愿意承认亲人离世时，我们让孩子想象光之门后面存在着一个空间。对孩子的意识和潜意识而言，这个空间是一个与亲人在精神上相聚的地方。每一次孩子独自回到这个空间，都会获得平静。

◆ 引导孩子想象一扇神奇的门，这是一扇明亮而美丽的门，门的上方用闪闪发光的字刻着逝者的名字。当孩子头脑中想象出了门的画面，告诉孩子，当他思念亲人的时候，可以穿过这扇门，看见逝去的亲人。当孩子打开门，看见了逝者时，你可以说："你看，他是不是在那儿，他在笑呢，你能来看他，他很高兴。"如果逝者生前有疾病，你可以说："他现在精神很好，因为他不用再受苦了。你是不是有话想对他说？你可以对他说所有你之前没来得及对他说的话，或你现在想说的话。所有这些只有你们二人知道，其他人都听不到，这就像你们之间的秘密。你是否想送给他一个礼物？一枝花或一封信？现在你可以把这个礼物送给他。"

◆ 如果孩子完成了与逝者的对话，让他用一个手势或一句话来示意。给孩子足够的时间，当孩子完成时，建议孩子对逝者说再见，然后关上那扇门。告诉孩子，如果以后他思念逝去的亲人，可以再次走向那扇门，因为他现在已经熟悉了通往光之门的路。

珍惜生命的故事

花朵的秘密

在离我们非常遥远的地方，在另外一个时空里，有一座名叫花之城的城市。花之城流光溢彩，美轮美奂。有粉色、蓝色、黄色、紫色、红色和其他颜色的街区。在花之城的每个街区，都居住着不同的花朵家族。天真街区种植着亭亭玉立的白百合；真爱街区种满了大朵盛开的紫罗兰；温柔街区撒满了花瓣如丝绸般柔软的玫瑰；力量街区簇拥着笔直挺立的红色郁金香；希望街区遍地都是随风摇曳的四叶草；光明街区的陆莲花在金色阳光的照耀下散发出美妙的光芒。

为了让花朵一直保持赏心悦目的状态，花朵使者——小女孩菲莱——成天都照顾着花朵，确保每朵花都能有足够的水，能够健康地生长和绽放。这份工作并不轻松。因为花之城有时烈日炎炎，花朵会干枯；有时狂风暴雨和严寒会让花朵打蔫。但是菲莱有一个常人所没有的天赋：她能够听懂花的语言。这就是为什么花之城的花朵被照顾得特别周到的原因。所有的花朵都想在花之城安家，那儿是花朵的天堂！

然而当一朵花凋零时，菲莱也会很痛苦。

是的，有时冰雹会将花朵摧毁，这让菲莱这个热爱花的孩子非常伤心，她甚至会为花朵哭泣。她希望花朵永远都生机勃勃。

然而，她没办法阻止花朵的凋零。因为花朵生命的终结并不是她或其他任何人所能够阻止的。

紫罗兰王后温柔又娇嫩，是所有花里最美丽、开得最绚烂的。有一天，紫罗兰王后将一个重要的道理告诉了菲莱。她对菲莱说："我知道，每当有花朵凋零时，你都很伤心。但是花朵们将永远留在你的记忆里。你能够回忆起它们的芳香和灿烂。花朵会告诉你，它们曾经在土地里留下了痕迹：它们留下的那些小小的种子会长成令人赏心悦目的花朵；它们留下的花瓣可以用来做成香水，以此留住它们的芬芳。记住，我们花朵最大的心愿，是给你带来快乐、温柔、力量和爱！"

从这天起，每当一朵花凋零时，菲莱会把自己的悲伤放到一旁，因为她知道自己会永远记得这朵花，并且，她还能闻到其他盛开着的花朵的芬芳。

菲莱明白了，每一朵花的存在都是为了给她带来幸福。

14 孩子有分离焦虑

理解孩子身上发生了什么

从很小开始，孩子就会害怕陌生人

害怕陌生人的这种心理感受大约从孩子 8 个月大时开始产生。孩子可以将自己非常了解的、亲近的人，比如爸爸、妈妈、哥哥、祖母等，与其他人，比如新来的保姆、远方表亲，面包店师傅等区分开来。到了 18 个月大时，孩子的心智发育使他能够知道那个一直照顾着他的人，比如爸爸妈妈，即使暂时不在他的视线范围内，也不会永远消失。

有一些害怕，这是正常的

尽管如此，当父母远离孩子时，他有一点儿害怕也是正常的。这种情况会在孩子幼年时期持续出现。这种害怕会随着孩子年龄的增长逐渐减轻，一般来说，大约在孩子五六岁时会完全消失。除此之外，孩子也会产生正常的焦虑。例如，当他到了一个陌生地方，家中换了一个保姆或在搬家之后，孩子受惊、哭泣都是正常的。因为他失去了自己熟悉的坐标，感觉不太适应。

何时应当警惕？

当孩子表现出强烈的悲痛情绪甚至出现幻觉，且这些情况多次发生、长期发生时，你就需要警惕了。正常情况下，当你离开时，孩子的尖叫一般只会持续一阵子，通过他人的安抚，孩子一般能够平静下来。如果你的离开造成孩子长时间的尖叫、哭闹，这种情况是不正常的。还有一种情况也属于不正常的范畴：当孩子只有在家里，并且所有家人都在身边时才感觉舒适，孩子担心一旦家人离开自己就会发生不幸的事情，因此孩子要求所有家人都待在自己身边。

还有其他一些需要引起警惕的信号，比如孩子做噩梦，梦见与父母非常痛苦的分离；或者孩子不敢一个人独自睡觉。在这些情况下，孩子会要求你待在他的身边，或者要求睡到你的床上来。这些信号偶尔伴随着精神和生理的不适（胃痛、头痛等）。孩子会产生生理的不适，其主要目的是为了不要离开家。比如孩子被邀请去参加同学的生日聚会，但他更希望待在家里，这时，伴随着强烈的悲痛情绪，他的精神和生理不适就产生了。再比如，有些孩子会有学校恐惧症，因为要去上学就得离开自己的家。

你是否也害怕分离?

由于父母想到自己的离开会导致孩子的尖叫哭喊，因此父母也会感到神经紧张，从而加重了对孩子情绪的影响，孩子的分离焦虑被父母激活和加深。当第一次分离时，这种恶性循环就开始了。母亲在分娩之后，已经习惯了与自己的小宝宝朝夕相处，当第一次要把孩子交给托儿所、幼儿园、保姆，或是当孩子要去上学时，母亲很难割舍这种形影不离的感觉，这时的分离是很痛苦的。对于有些父母来说，这种时刻是揪心的、撕心裂肺的。当孩子察觉到这种担忧时，他的潜意识会认为分离是非常严重的事，因此他有理由感到害怕。

是否唤醒了孩子关于分离的痛苦回忆?

孩子的恐惧有可能来源于你之前的不当行为，但这种不当行为被你疏忽了。你可以回想一下，是否曾经有过一次分离:孩子刚出生的时候被送到远离母亲的儿科?在分娩过后马上被放进暖箱?为了之后的手术被送进了保温箱?这时的婴儿会感到很孤独，甚至以为被抛弃了。或当孩子更大一些，当你外出看电影或去餐馆时，将睡着的孩子留给一个慈爱的保姆看管?如果孩子认识保姆，并且入睡前由保姆陪伴，这样做一般不会产生问题。但是如果在孩子睡着后保姆才赶来，孩子醒来看到的不是父母的脸，而是一张不熟悉的脸，而父母也不在旁边，这就有可能造成孩子紧张，甚至变成一次心灵的创伤。孩子寻找父母，而父母可能要迟一点儿才能回来，在此期间孩子会感觉自己被父母抛弃了。他所有的痛苦都在潜意识里发酵。当再次遭遇分离时，即使这次分离是在几个月或几年之后，孩子痛苦的记忆也有可能被唤醒，因为潜意识是超越时间和空间的。对于孩子来说，此前没有好好解决的情绪问题会在此刻被激活，同曾经所有的痛苦分离一起扑面而来。

你的焦虑会影响孩子

如果你的孩子是焦虑型性格的人，当第一次分离发生时，他会更倾向于向你传递你能感知到的忧伤信号。这些信号就像一个细小的声音在你的心头萦绕，让你从心底里感到煎熬，觉得自己的离开对孩子造成了伤害。你认为自己是一个彻头彻尾的坏妈妈。你为这个声音所困扰，孩子觉察到了，也激发了他的痛苦情绪。在这种情况下，如果要将孩子交托给别人照顾的话，如何让自己感觉不那么难过呢？你可以用温柔的语气跟孩子说话，让他平静下来，同时也寻找能让你自己冷静下来的方法，不要让这种恶性循环继续下去。

你是否有过同样的经历？

还有一种可能：当你与孩子分离时，是你先产生了担忧的情绪。若父母自身在童年时期经历过分离焦虑，就会出现这种情况。他们在不知不觉中将焦虑情绪传递给了自己的孩子，就像我们向孩子传递生活中的喜悦和好奇一样。我们的潜意识传递了很多信息！如果你曾经被一次分离折磨得痛苦不堪，即使你已经记不起来，你的潜意识会记得。当分离再次发生时，被重新激活的记忆就在你身上产生痛苦的回响。这一类型的家长通常会对自己的孩子过度保护，因为他们害怕孩子会遇到危险，当孩子不在身边时，他们就会把事情往最坏的情况想。保护型的家长更希望孩子待在家里，在严密的看护之下，这样反而会阻碍孩子的社交能力的发展。

探索其他可能

分离焦虑可能是由一次痛苦的事件造成的，比如转学、搬家、甚至是至亲或心爱的宠物的离世，这意味着我们心爱的人或事物会永远消失。

当孩子变成离异父母当中某一方的慰藉时，分离焦虑也有可能产生。因此，当你对于让孩子和你的前任共度周末感到非常痛苦时，孩子有可能产生罪恶感，并感觉自己对于你的痛苦负有责任。孩子会觉得只有当他待在你身边时，你才会感觉安心。这些信息会被孩子的内心记录下来，并影响他以后的行为。

我的建议

玩捉迷藏

当孩子还很小时，告诉孩子，即使我们看不见，但被我们藏起来的东西还是会一直在那儿。你可以发明一种类似捉迷藏的小游戏，比如你躲起来，但是你一直在跟孩子说话，孩子就知道你还在那儿。你躲到毯子下面，露出身体的一部分，孩子就会知道你在毯子下面。孩子也可以自己躲起来，然后被你找到。对于稍微大一点儿的孩子，要告诉他你要去哪儿，比如你可以说："现在妈妈要离开卧室去客厅了。"即使你去了另一个房间，也要和孩子说话。你的声音就像一条安全纽带，能让孩子以自己的节奏理解分离。

不要嘲笑孩子

不要对孩子的痛苦视而不见。不要认为"这是胡闹"或者"如果我装作若无其事，孩子就会没事了。"你的态度有可能会加剧孩子感觉被抛弃的焦虑症状。安抚孩子的情绪，而不要要求孩子调整自己的情绪状态。

改变你对分离的看法

如果父母认为分离对于孩子来说是有害的，那么在分离的时刻父母会显得很忧伤，这种细微的情绪很容易被孩子捕捉到。孩子会觉得分离是一件坏事而越发哭闹，这会导致分离更加艰难。如果你能够认识到此刻的分离对于孩子的未来是积极的，孩子将获得更多的独立性，孩子的内心将变强大，那么你的心态会更轻松，更容易与孩子分开。

逐渐分离

当然，分离需要逐步实现。一开始分开半个小时，然后一小时，以此类推。你要对孩子的学习能力有信心，他的生活中将经常出现分离和回归。孩子将学会接受分离，迎接新鲜事物。你终有一天会看到，孩子带着坦然面对分离的勇气和力量继续前行，谱写自己的人生乐章。当你为孩子感到骄傲时，孩子也会感到安心，敢于面对更长时间的分离。

就说一句再见！

当你该离开的时候，不要让气氛变得很凝重，不要说“是的，我知道分离真是一件令人害怕的事情”。孩子会认为分开真的会有危险！同理，也不要花太多时间纠结去留或爱抚孩子，最好约定一个分离仪式。例如，紧紧地拥抱一下孩子，亲他 10 下，把手指伸到孩子的头发里抚摸孩子的头，和孩子蹭蹭鼻子，等等。约定一句你和孩子都同意的告别语，比如“等会儿见”或“晚上见，就像往常一样，到了几点我或爸爸就来接你”，同时告诉孩子，你很爱他，随后你就可以离开了。随着不断地重复这种分离仪式，你将营造更为轻松的氛围，这会成为你和孩子每次分别时的小默契，会让孩子变得更加独立。

积极的想象力练习

为了回忆起独自完成任务的成功点滴

胜利万岁！

这个练习是为了激活已经存在于孩子身上的、克服独自一人的恐惧的能力。在这个练习里，我们会让孩子回想那些积极的回忆，它们是未被触碰的记忆，被保存在潜意识里。当孩子回想起自己成功的瞬间时——我们成功的时刻总比自己认为的多——我们将潜意识引导到激活孩子已经拥有的能力上，这能鼓舞孩子，因为孩子自身就拥有解决问题的能力，并且强化这种能力，就好像我们对孩子无所不知的部分说："这就是你已经拥有的能力，如果能在最近的生活中运用这些能力就好了。"

◆ 引导孩子闭上眼睛，回忆一次成功的时刻。让孩子自己去寻找，并对孩子说："回想有一次你坚信自己做不到，但是最后你还是做到了的事。"如果他找不到，给他一些启示。就像其他孩子一样，你的孩子肯定也有一大串成功的经历。你也一定记得孩子已经克服过恐惧的经历：不敢坐滑滑梯、不敢骑自行车、害怕猫、害怕叔叔家的楼梯，等等。从孩子特别小时，内心就自有一套平复不安的程序。

◆ 如果孩子回想起一次成功的经历，鼓励他全身心去感受那一刻："让那时的情景重现，就像是现在正在发生一样。"说得具体一些："想一想所有美好的事情。我还记得当你成功时，是多么的自豪！"给孩子一些时间回想，然后提醒他，他无所不知的那个部分现在已经知道了带领他到达成功的道路，因为我们成功过一次，就会有下一次的成功。你还可以补充说，他身体里的这个部分会帮助他克服生活中所有的恐惧，因为他曾经成功地做到了。

敢于独处的故事

小水滴欧珀

我要给你讲小水滴欧珀的故事，她和水滴家族的其他成员一起，开心地住在一朵云里。她有爸爸、妈妈、兄弟姐妹，她是最小的那一滴。所有的水滴都惊人的相似。人们通常会说"相似的就像两滴水"，因为没有人可以把一颗水滴与另一颗水滴区分开来。所有的水滴都聚集在一起嬉戏打闹，当他们困倦时，就睡在柔软的云朵里。多么美好的生活！

欧珀知道自己的将来必须要经历一些与现在不同的事情，就像所有的水滴都必须经历的一样。比如离开云朵，投身到大海中，这是所有水滴从出生起就注定要做的事。一些小水滴不喜欢这样做，他们很害怕，甚至连想都不愿意想。每当有人跟欧珀说起这些时，欧珀都会尖叫：“我想待在这儿玩耍和休息，我想在云朵里撒娇。”有时，欧珀会很生气，在云朵里转来转去，担心总有一天她必须要离开云朵。想到这一点她很伤心：她还想继续留在温暖的云朵里，和她爱的人待在一起。

即使欧珀再怎么不情愿，分离的这一天终究还是到来了。

云朵向大海靠近，准备起跳了！

小水滴欧珀感到很伤心，她开始哭了起来，她不想离开自己柔软的窝。她哭着喊着，独自飘荡在空中，感觉自己被抛弃了。她是多么的不幸啊！

她问了自己很多问题：接下来会发生什么呢？她怎样才能找到水滴家族？这些问题的答案是欧珀肯定不知道的，因为她还太小，但唯一能确定的是水滴家族成员之后会再见面，他们会有说不完的故事。

当她不再下坠时，她感觉到了海水的温柔。温暖的海水迎接了她，海水是多么开心，竟然接到了这颗漂亮的水滴。欧珀有一瞬间的害怕，这一瞬间过后，她发现自己和家族的其他水滴在一朵巨大的浪花里重聚了。她是多么高兴！

这是欧珀第一次变成浪花，这真是一次让她印象深刻的经历。她跳来跳去，从来没有这么开心过。太美妙了！浪花冲向了沙滩，大家一起在温柔的沙滩上休息，然后再欢快地一起回到云端。当欧珀再次回到云上时，她把自己的故事讲给了所有的水滴听，然后她静静地躺在云里休息。

此后，欧珀离开过云朵上千次！每一次经历都使她成长，最后她变成一颗充满回忆和快乐的美丽水滴。

偶尔，临近分别时，她的心里会有一点点刺痛，但是当她一想到自己将在巨大的浪花里或在云端与大家重聚，那时她将会有更多美妙的故事可以和大家分享时，她的难受劲儿马上就过去了。

15 孩子容易赌气

理解孩子身上发生了什么

当孩子感觉自尊心受挫时，他会记住这个痛苦的瞬间。为了不再被伤害，孩子会产生很强的防御心理，朝所有可能伤害他的人或事开火。孩子为了迅速表达自己的不满，会大声喊叫或保持短暂或长时间的缄默。

非常敏感的孩子

有些敏感的孩子十分易怒，他们时刻处于警惕状态，随时准备跳起来抵挡外界对自己的伤害。当他们选择把自己封闭在沉默之中时，是为了表达自己的不适。他们把自己关在房间里，有时候会关几个小时，以为自己的不快最终会被人发觉。他们暗自希望自己的行为能给父母带来苦恼：“既然他们说爱我，那我就看看当我难过的时候他们会怎么做。”如果父母表现得好像什么都没有发生，孩子会更难过:“根本就没有人理解我！”最后，孩子会怀疑父母是否真的爱他。

小牢骚鬼

孩子赌气一般是因为他无法调节好自己的沮丧情绪。当孩子无法得到自己想要的东西，比如玩电子游戏，赢一局棋牌游戏，多看一会儿电视时，就会表现出生气，板着脸成了他吸引父母注意力的武器。这个小牢骚鬼明白自己的行为会让别人不安，别人会被迫妥协。通常这些小牢骚鬼的父母们难以让孩子遵守规则，他们被孩子的要求弄得筋疲力尽。有时父母因为工作时间太长回家太晚而对孩子心生愧疚，为了求得一刻安宁答应了孩子的要求，先前制定的规则被打破了，再想让孩子遵守规则就难了。如果孩子赌气的次数越来越多，并且他的赌气总能获得补偿，那么孩子有可能会觉得如果爱他就应该满足他的一切要求。孩子就会总想讨要更多的东西来填补对爱的渴求，却感受不到自己是被爱着的，感受不到自己的心声被倾听了。

我的建议

反思你与孩子的沟通方式

如果你的孩子经常赌气，那么就要去试着理解他为什么会采用这套自我防御机制。首先要反思你们之间的沟通方式。有的时候，我们会无意间取笑孩子身上的小问题：一个怪癖或者一种性格特征。我们用幽默的口吻将话说出来，觉得孩子不会在意。但是，孩子是如此敏感，他察觉到这种“幽默”里其实隐藏了你对他的批评，这让他很伤心。

注意你的言辞

不要使用那些简单粗暴的语句，它们往往会起反作用。因此，当你坚持说孩子的态度有问题，比如说“这位小姐还在赌气啊，真好笑！”“看看你像什么样子”，你以为能唬得住孩子，但这些批评只会激发孩子更强烈的反抗。你最好还是认真地倾听孩子的心声，并且告诉他，即使你对他的态度不满意，但他依然是你最亲爱的孩子。

试着感同身受

通常，爱赌气的孩子会闹得鸡犬不宁，或为了一点儿小事就把自己封闭起来，这更让父母疲惫不堪，坚称孩子很任性。这时，应该先找出造成孩子心里不舒服的原因，把重点放在孩子的情绪上，对孩子说：“你很伤心是因为你想玩电子游戏，而我不同意。让我来给你解释为什么我不同意。”或说：“你生气了是因为输了网球赛，我知道你心里不好受。”这样的语气会让孩子觉得父母理解他，会让孩子感到安心。

告诉孩子，得到自己全部想要的东西是不可能的。提醒他每个人都有得意与失意的时刻，比如，在集体游戏中，每个人都想要赢，但其实更重要的是大家可以在一起玩耍。渐渐地，孩子的自我防御就会因为你的温柔对待而瓦解。

积极的想象力练习

为了安抚孩子的心

我的幸福箱子

这个想象力练习是为了帮助孩子唤醒他曾经受到过的温柔相待的点滴记忆，从中获得滋养，感受到安全，而不需要通过表达自己的不快来发现周围的爱的印证。

◆ 建议你的孩子想象一个箱子：海盗的箱子、珠宝箱或旅行箱。让孩子描述箱子的细节：大或小？什么颜色？箱子如何关上？如果箱子有一把锁，那么只有孩子自己才拥有钥匙，钥匙可以挂在脖子上，也可以拿在手里。

◆ 当箱子被打开时，孩子会发现里面的珍宝——来自父母、妹妹、祖母、最好的朋友曾经送给他的爱的证据。这些爱的证据可以是亲吻、小爱心、肥皂泡、神奇的小鸟、小天使或孩子的其他心头好。孩子打开箱子的同时还能听到自己喜欢的温柔的话语，或他想要记得的美好经历。所有这些大大小小的幸福都装在这个箱子里。

◆ 每当孩子拿起一个幸福物件，将其放在胸口，他的心将被幸福填满。然后他将物件重新放回箱子里，当他关上箱子时，还会感受到幸福在心中荡漾。每天晚上，或每一次，甚至是一天好几次当他需要的时候，都可以打开箱子，欣赏一个或几个幸福物件。

如果孩子愿意，可以用一个鞋盒来做箱子，上面包一层包装纸，纸上可以画上孩子想要画的图案。在盒子里，孩子可以放一些画、几句温柔的诗句，以及所有那些能唤醒美好回忆的东西。当他需要的时候，就能从盒子里拿出一张纸，读出他曾经写的句子，让当时的场景在头脑中重现。我建议你时不时地给孩子写下温柔话语，孩子就可以将其放在盒子里，日后再拿出来品味。

让自己感觉被爱着的故事

小红裙

一条小红裙在精美的木制衣橱里等待着丽优小姐。丽优是一位穿着时髦的姑娘，她从祖母那里继承了这个衣橱，里面挂着许多衣服。小红裙很喜欢这个衣橱：木头的味道很好闻，还有很多美丽的衣服。丽优将小红裙买回来的那一天，小红裙就知道自己非常适合丽优。它觉得丽优又美又有趣。尤其当丽优在商店里试穿的时候，小红裙觉得丽优穿着自己真是太优雅了！“我是世界上最适合她的裙子！”它骄傲地对衣橱里的其他衣服说。

但是三个月过去了，丽优再也没有穿过小红裙。每当丽优打开衣橱时，小红裙都冲在前面，舞动着自己的裙摆，让朱砂红的光泽闪耀着，但年轻的丽优总是选择另一件衣服。漂亮的小红裙生气了，非常生气：“这个丽优真让我恼火。如果她继续这样，我就消失，让她吃点儿苦头。”这一天，丽优又没有挑选它，小红裙恼羞成怒，赌气地躲到了衣橱的底部。它对自己说：“我都皱皱巴巴了，穿上也不好看了，算她活该。”每次丽优打开衣橱的门，都会拿上一件新衣服，然后关上门。她甚至从来没有瞥过这个皱皱巴巴的生气包。小红裙想：“她甚至都没有看我一眼。也许她把我买回来只是头脑一热，就是这样，她不再喜欢我了。”小红裙特别想哭，它蜷缩在衣橱的一个角落，觉得自己从前那闪耀的朱砂红变成了带着一丝忧伤的红色，它再也高兴不起来了。它还觉得那些带着荷叶边和刺绣的裙子更时髦。她只是一条简单的、没有任何装饰的小裙子。如果没有人来找它，它将永远待在这个橱柜里，而其他的短裙、上衣、毛衣都在外面翩翩起舞！这不公平！

小红裙试尽了一切方法，也没能引起丽优的注意，它就在衣橱里日复一日地待着。直到有一天，它听到丽优与未婚夫走近了衣橱：“今晚的订婚典礼我期待已久，感觉好幸福啊！我要穿上最漂亮、我最喜欢的那条裙子！”她打开了衣橱的门。小红裙把自己蜷成一团，想给别的裙子让位，其中也许有一条幸运的裙子，丽优会穿着它去参加订婚典礼。丽优拨开一个又一个衣架，边找边嘟囔：“哎呀！它去哪儿了？我确定它就在衣橱里！”她一边继续找，一边对未婚夫说：“我从来没有在任何人面前穿过，就是想留到这个重大的日子！你将是第一个看我穿着它的人！”现在，小红裙知道该把自己抚平，展现在丽优面前了。谁都不知道事情原来是这样，不是吗？于是，小红裙伸出了裙角。丽优惊呼：“它在这！”她是多么高兴！当丽优穿上了小红裙，她的未婚夫投来了倾慕的眼神。他对丽优说：“这条裙子真是太美了，它将你衬得真美，我的公主。”小红裙开心极了。这一整天，它都觉得自己精致优雅，所有人都对它投来赞许的目光，为它拍照。小红裙成了一个真正的明星！之前它居然还以为丽优不再爱自己了呢！

夜晚，当小红裙重新回到温暖的衣橱里的时候，内心很安宁，它明白自己确实有价值，拥有属于自己的位置。

PART 3

轮到你了！在任何情况下都能编出故事

如果你的孩子面临的问题并不在本书所列举的最常见的15个问题之内，或者你想走得更远，为你的孩子量身定制故事，这一部分就是为你准备的！你可以通过编故事与孩子建立一种特别的联结，接纳他的潜意识中蕴藏的信息，帮助孩子克服生理或心理的不适。

谁是最适合对孩子进行安抚的人？可以是母亲、父亲、孩子的祖母或姨妈，总之，是一位孩子信任的亲近之人。到了晚上，在睡觉前，孩子一边面朝着亲人将身体蜷起来，一边听着故事，迷迷糊糊中，他的潜意识会捕捉到故事中有益于自身的解决办法，渐渐进入梦乡。

在接下来的章节中，你将学习如何与孩子产生共鸣。你将知道，你并不需要做任何努力就能编出一个故事来。编故事是我们每个人都拥有的能力，你可以试着将它想象成一个造句游戏，我将在接下来的内容中详细阐释。

这是一个愉快的时刻，而不是进行“最佳故事”或“最有效故事”的比赛。你只需要接受头脑中浮现的一切——词语、画面、想法——来给孩子编一个独一无二的、具有心理治愈作用的故事，将孩子引向解决问题之路。通过简单的几个步骤，你就能够编一个属于孩子自己的故事。

01 你与孩子都放松

我们之前说过，放松是抵达潜意识的关键。放松能够让人降低精神上的戒备，你想要启发孩子的内容就能被孩子的潜意识捕捉到。

选好讲故事的时间和地点，仓促不利于良好的放松。最好抽一个闲暇时刻坐下来，让想法和画面在头脑中浮现。当你和孩子都坐下或躺下后，轻柔平和地说话，声音连贯，语速可以比惯常语速更缓慢。你可以使用与孩子同样的语调、同样的呼吸节奏，和孩子形成真正的联结。这种安宁的时刻会使孩子进入意识转换的状态——即将入睡但没有睡着的状态。

放松

你也可以使用本书的开头部分介绍的方法引导孩子做深度

放松练习。下面是一些简要的回顾：

- 练习腹式呼吸：“肚子就像一只气球，用我们吸进来的空气将肚子填满”。
- 给孩子讲讲你今天白天或过去某一时刻的美好瞬间。
- 鼓励孩子回忆一个属于自己的美好瞬间，也可以回想他喜欢的一部电影或一本书。

放松练习通过加深身体的放松程度和激活每个人的正向积极源泉来与现实区分开来。对你来说，这是进入潜意识，并找到合适的故事的方法。对孩子来说，这是正向改变身体状态的开关，能够激发孩子的潜意识在不知不觉中呈现出所有对他有益的解决方法。

唤醒孩子“无所不知的部分”

告诉孩子，每个人都有“无所不知的部分”。这个部分有点儿像另一个他，知道所有的事情，能够解决所有的问题，因为它知道所有问题的答案。接着，你将和他一起花些时间放松一下，给他和无所不知的部分讲一个只属于他的故事。你可以告诉孩子，他也许会在一个他能够前往的魔法世界与那个“无所不知的部分”相遇，这种说法能勾起孩子的好奇心，孩子有可能会提问题。在咨询过程中，我一般会鼓励孩子自己去“遇见”这个部分。孩子们“无所不知的部分”告诉他们的答案总能带给我惊喜。那些答案都是充满大智慧的建议，就像孩子的内心已经住着一位智者一般！我还会跟孩子们说：“你‘无所不知的部分’知道这些事情！它会给你很棒的建议。如果你有需要，随时可以见到它，它一定会给你新的建议。”隐喻故事真是一个王牌武器，有了它，我们就能和潜意识沟通，而潜意识拥有智慧，知道问题的答案。

为了能够与“无所不知的部分”相遇，你将要陪伴孩子进入另一个时空。

02 引导孩子进入自己的魔法世界

当孩子回忆完毕（如果孩子不想回忆，可以做放松练习），你可以说：“你现在准备好去你的魔法世界了吗？”根据我的经验，孩子一般都很期待。如果他回答不愿意，那倒是件稀罕事。如果他坚决拒绝，可以在他下次真正愿意的时候，再重新开始。

愿意出发去一个想象的地方已经表达了一种转变：我现在在这里，但是我希望去另外一个地方，我已经准备好做积极的转变。如果孩子没有这种意愿，坚持让他去想象是没有用的。最好是等孩子的好奇心被激发的时候，再尝试引导孩子进行想象。

闭上眼睛，我们能看得更远

鼓励孩子闭上眼睛，告诉他，当我们闭上眼睛时，我们可以用另一种方式“看”，就像我们回忆一段美好的往事那样。但是如果孩子不愿意闭眼，也可以继续练习，并告诉他，下次他可以试着闭着眼睛回忆，以便“看得更远”。我注意到，即使睁着眼睛，有些孩子也能轻松地使自己置身于故事当中，仍然能够让他们的潜意识解决问题。

你的孩子去了魔法世界

告诉孩子，为了能够到达魔法世界，他需要一种交通工具。你的孩子将想象出一种最好的交通工具，这是他此刻最喜欢的工具，以后他如果喜欢上了别的交通工具，也可以更换。如果孩子一下子就找到了这种工具，那就太好了。如果他说“我看不到”，你可以给他提供很多选择，注意不要只提供一种可能性，应当将选择权交给孩子：一朵云、一颗流星、一枚火箭、一张魔毯、一位仙女牵着你的手带你一起飞，或你的睡眠球，等等。当孩子选好交通工具之后，让他告诉你他选的是哪一种。然后问问孩子这个工具是什么颜色？它移动的速度是不是很快？孩子是不是已经坐好了？加上一句，孩子可以想怎么乘坐就怎么乘坐，只要他感觉舒服就行。

告诉孩子，这个交通工具会带着他去往魔法世界。过一会儿，问他是否看到了光线、云朵、星星或其他星球？让孩子描述自己看到的事物，并鼓励他：“这听起来非常不错”或“一定很美”等等，鼓励他继续讲下去。

你可以说：“你走得越远，就会感觉越好，因为魔法世界一定非常有趣，你想花多长时间旅行都可以。当你到达之后，告诉我那儿是什么样子。”不要催促孩子，孩子需要多长时间就给他多长时间。这个过程有可能很快，也可能很慢，这都不重要。

让魔法发挥作用

不要试图影响孩子。如果孩子自己想要坐在流星上飞过去，你不必建议孩子最好乘坐一辆漂亮的跑车去往他的魔法世界。潜意识有时蕴含着惊喜，孩子有可能会想象乘坐独角兽、天使等等。你要在心里牢记，这是孩子自己的潜意识密码，你并不一定全部都知道。孩子透露的潜意识密码越多，你可以运用到故事中的有效信息就越多，故事起到的作用就越大。你要信任孩子无所不知的那个部分，让它引导孩子找到最有效的方法。

孩子畅游自己的魔法世界

当孩子到达了自己的魔法世界，让他继续描述：那儿热吗？有没有树呢？有小溪吗？他认识那个地方吗？这是他第一次去那儿吗？然后鼓励孩子运用魔法将魔法世界的事物变成他真正希望的样子。如果一切都已经很完美了，那就太好了。如果不是，提醒孩子，他可以按照自己的想法改变，因为这是他的领地，这是他自己的魔法世界。没有经过孩子的允许，任何人都不能进入这个魔法世界。在这个世界里，一切都为他而生，为了他能够生活得好，开心地笑，为了发现最好的解决问题的办法。

无所不知的部分像什么？

为了找到最好的办法，你可以询问孩子关于他身上无所不知的部分："我在想，你身上无所不知的部分会以什么形象出现呢？是否像另一个你，或像一只温顺的动物、一位仙女、一束光线、一位智者？你看到你的无所不知的部分像什么了吗？"如果孩子的回答是肯定的，让他描述这个人、动物或他看到的光线。如果孩子说没有看见，你要安慰他说："下次你就能够看见了。"这句话能够让孩子安心，因为即使是在游戏中，一个想象力练习也会让他觉得应当很好地完成。如果孩子不能完成，就有可能因为自己做不到而耿耿于怀，这样就很难让他放松下来并使自己的意识状态发生转变，以至于无法与潜意识联结。你应该安抚孩子，让他保持放松状态，不要感觉自己很失败。一般来说，孩子会很快地完成想象，如果孩子的确有困难，那么就把成功寄托于将来，对孩子说：“你之后会成功的。”

当孩子描述完毕，告诉他，你将为他和无所不知的部分讲一个故事。即使他没有想象出来这个无所不知的部分，你也可以告诉孩子：“即使你没有看到它，它也一直在那里陪伴着你，帮你找到最好的方法。”在你想故事的期间，孩子可以自己在魔法世界自由玩耍，等你编好了故事以后，你就会给他讲故事。

03 编故事的方法

为了编一个故事需要遵循几个原则，尤其是在刚开始学习编故事的时候。当你已经学会编故事以后，你将对自己更有信心，一切都会自然而然地进行，无须再参考这些原则。

确立故事的框架

故事的框架应当明确。在你的故事里应有以下几个要素：

- 一位正面临与你孩子相似问题的积极活泼的主人公。
- 一些阻碍主人公按照自己的想法去生活的困难。
- 一个帮助主人公达成目标的解决问题的方法。当然，故事的主人公必须要成功，你的故事应该有个圆满的结局。

在编故事之前，先找出孩子的问题。孩子在抱怨什么？你是否发现孩子不开心？当你寻找故事的素材时，这个问题应当始终在你的头脑里回响。也请你牢记故事的目标：让孩子的生活变得更美好，让孩子找到与朋友相处的新方式，让孩子的行为产生积极转变等等。

在找到解决问题的方法之前，主人公会经受一些考验，这些考验象征着你的孩子目前遇到的所有困难，但是经历过这些困难之后一切都会变好。

至于故事的形式，应当与你曾经给孩子读过的其他故事类似，故事的篇幅可以很短，也可以很长。

故事发生在我们身处的这个时间和空间之外。故事可以没有明确的地点，那是一个“很少有人知道的地方”或“一个遥远的地方”。至于故事发生的时间，可以是一个模糊的时间，比如“很久很久以前，在一个森林旁边的小村庄”，当然你也可以套用公式“从前有一个人（或者一个孩子），他……”

当你讲故事时，可以重复词和句子，以便孩子能够好好领会故事的内容。如果两句话之间的间隙较长，你可以加上连词：然后、后来、现在等，以便让你的故事保持连贯没有间断。连词可以将你几秒钟之前说的内容连接起来，即使有些许的静默，也会使你的故事保持流畅。还有一个诀窍：当讲到你认为很重要的词或方法时，可以在这个词或方法的前面或后面，在你感觉能凸显它的价值的地方刻意制造一小段静默或一个停顿。这样一来，这个词或方法就从故事之中脱颖而出，被强调出来，孩子的潜意识就会捕捉到这个重要的信息。

接纳孩子的内心世界

解决方法就在孩子身上

从孩子出生开始，他的内心世界就充满了感知到的信息。从一开始在妈妈肚子里感受到的信息，到整个家庭传递给他的潜意识的各种信息：惊喜的、痛苦的、难过的和喜悦的信息。孩子的意识和潜意识所感受到的内容都是独一无二的。

当你的孩子在自己的魔法世界徜徉时，你可以想一想孩子目前所面临的问题和你所期待的改变结果。请你放松下来，让你的想象力开始遨游，找到与孩子现实经历相匹配的隐喻，但要避免直接谈论现实。接受脑海中闪过的所有的信息：想法、图像、象征物。不要随意抛弃任何闪现的信息，就让头脑中浮现的信息使自己大吃一惊吧！有可能你的脑海中会出现一些物件，比如一枚戒指、一只桶、一把铲、一座城堡、一块手表、一副潜水面罩等等。即使这些物件对你来说有些莫名其妙，但你一定要接受它们，把它们放进你脑海中的一个角落。也有可能你脑海中会有一些人物登场：小精灵、士兵、足球运动员等等，或出现一些动物。请你不加评判地接受所有能想到的事物。

故事的主人公

故事中应当有一个孩子熟知的主人公，从他的身上，孩子能看到自己的影子。主人公可以是人类，如果你的孩子是男孩，那么主人公可以设定为小男孩，如果是女孩，也最好找一个女性角色。你也可以用一个物件或一只动物作为故事的主人公，比如，本书故事的主人公就有名叫巴克斯的邮轮和名叫微笑的瘸脚小猫。为了让这个抽象的形象更具体，你可以在故事中着重描述主人公的细节，比如身高、穿着、颜色、爱好，这样可以让他的形象变得更加丰满。最好给主人公取一个名字，可以是一个普通的名字，也可以是一个没有任何实际意义的名字，但要避免使用家庭成员的名字。主人公的名字可以与他的身份或外表有关，比如看门人、舞者、胆小鬼、淘气鬼、红头发等等。

为了让孩子更容易进入角色，最关键的一点是主人公的行为要与你孩子目前出现问题的行为一致，二者在个性的某些方面有共同点。你可以巧妙地提到主人公身上的一些小脾气（跟孩子的小脾气一致），这些特征的对照对孩子的潜意识来说足够明显。

配角

配角会与主人公相遇。他们也许来自动物世界、人类世界或超现实世界，他们可以是一匹马、一位兄弟、一个天使、一条龙、一位年长的智者等等。每个配角都有一个任务。有些配角的出现是为了表现孩子现在遇到的困难，他们代表着孩子目前遇到的问题，另外一些配角引导孩子走向解决问题的道路。包括主人公在内，整个故事中一共出现两三个人物就足够了。

想象一下，如果一个故事的内容是村里出现了纷争，村民们都很愤怒。牧羊人希望爬上山顶将纯净的空气带回村子，因为他觉得山顶纯净的空气可以给所有村民带来安宁。这个故事是含有隐喻意味的。比如，当家中父母吵架时，孩子有可能会出现负罪感，觉得自己有义务解决父母之间的矛盾。潜意识会捕捉到隐藏含义，将牧羊人等同于孩子，村民等同于父母。因此，这个故事可以这样展开：牧羊人在往山顶攀登时感觉很痛苦，因为山很高很陡峭，攀爬很困难。后来他最喜爱的绵羊——一个充满智慧的忠实伴侣，象征着他无所不知的部分——将他引向了漫长但更平缓的道路。

牧羊人很疲倦，所以他停了下来，他决定让熟悉山路的绵羊爬上山顶，帮他带回纯净的空气。他停了下来，不再试图爬到山顶。

最终，山羊未能将纯净空气带给他，他明白了空气是无法携带的：它只能被储存在每个人自己的身体里。如果想要获得安宁，那么每个人都必须自己去往山顶。回到村子之后，他很放松，他的平静影响了整个村子的气氛，村民们也不再愤怒了，牧羊人给村民们指明了上山的道路，村民可以自己出发寻找属于自己的纯净空气。

不加分析地将所有想法收集起来

一旦你积累了足够多的素材，就好比你有一张罗列了所有想法的清单。清单上有你脑海中浮现的所有的想法、象征物、人物。解决问题的方法很有可能立刻出现在你眼前。

玩造句游戏

如果你觉得依然无法编出故事，可以边思考孩子面临的问题，边问自己:“我可以用这些词编一个什么样的故事呢？”然后让自己潜意识来施展魔法，就像在玩造句游戏一样。

这个游戏是由超现实主义者们发明的，需要几个人一起玩。先由一个人在一张纸上写一个词或一句话，然后把纸上有字的那一行往里折一下，遮住字，然后传给旁边的人。由于上一个人写的字被遮住了，所以这个人并不知道之前的人写的是什么，他自己也写一个词或句子，然后把自己写的那行也折一下，传给下一个人，以此类推。最后我们会将整张纸展开，往里面增添缺失的语句，使所有的词或句子变得完整，就会得到一个有趣的故事。

我小时候经常玩这个游戏。包括我的父母在内，一共有 7 个人参与。我们非常喜爱这个小游戏。我的母亲将游戏规则做了一些调整，给出了一个明确的要求。每个人要造出的句子必须依次包括一个相遇地点、一位女士、一位男士、女士对男士说的话、男士的回答、结局。最后我们总能看到由一个个词句组成了令人惊叹而妙趣横生的故事。这个游戏给我们的童年带来很多的欢乐。

你可以列一个表，将你的所有想法罗列出来，同时用直觉和想象力来思考。如果你需要解决的问题是孩子害羞，而你想到了战士和怒马，你不要觉得“这太傻了”或“这一点都不符合逻辑”。你内心的质疑会在刚开始学习编故事的阶段出现，这时你还没有足够的信心。你应该让自己的潜意识来帮你编故事，不要对你编的故事进行任何评判。

由你来引导

当我想到孩子的害羞时，还想到了战士和发狂的马，我将战士和怒马与主人公联系起来，主人公名叫福里兹。给故事的主人公取名会让他变得有血有肉，你也可以对他进行一些细致的描述。他的皮肤是棕色的吗？他的个子很高吗？他很勇敢吗？

在我创造的这个故事里，福里兹是一个骁勇善战的士兵，但他却不敢跨上分给他的那匹黑马。这匹马看起来是那么的高大、狂躁、神态威严，福里兹很害怕。他靠近那匹马，却不敢骑上去，更不敢抓住缰绳！你可以加上细节，孩子们非常喜欢细节，这会使他们更加沉浸在故事里。

由于福里兹不敢骑到马背上，所有人都嘲笑他。他也觉得自己肯定永远也不会成功。他对自己说:“我不知道自己是不是还能成功。怎样才能让我更有勇气呢？”问题很明确：他不敢去做。潜意识了解孩子的烦恼。

你可以继续讲故事，着重强调他所受的挫折——那些阻碍他获得勇气的挫折。后来，解决问题的方法出现了。最后，福里兹终于骑上了黑马，既自豪又充满自信。这样的结局可以引导孩子从潜意识中找到解决方法，增强自信心。

你觉得自己做不到?

不要泄气，多尝试几次，把编故事的经历当作有趣的小游戏，不要给自己施加压力。你会看到自己终将成功。

作用于创造力

即使是最伟大的创作者也需要灵感的启迪，在创作的过程中他们需要从那些走不通的路中另辟蹊径，从汹涌的直觉中找到一个独特的、惊人的灵感。你也可以做到！我曾经亲眼见证那些毫不费力为自己的孩子编出解决问题的故事的家长的狂喜。两年前，在欧洲电台 1 频道，我曾经简单介绍过这种通过直觉和想象力编故事的方法。许多妈妈试验成功了，她们都惊异于自己居然具备这种一直以来被她们忽视的能力。有一位妈妈将自己的经历写下来通过邮件发送到了我的邮箱。她告诉我，儿童精神科医生在最近一年半的时间内一直在对她的女儿进行问诊，却始终治不好女儿的病症：她的女儿只要去上学，必定会哭泣或呕吐。这位妈妈在听了我的节目之后想：“为什么不试试用直觉编一个故事呢？编个故事不需要冒任何风险，而且这样做也许能帮到我的女儿。”可以看出，她当时是将信将疑的。由于她的女儿最喜欢小马，所以她讲了一个关于小马的故事。这位妈妈认为自己的故事并不出色，她还很怀疑自己创造好故事的能力。第二天早上，她惊喜地看到女儿居然开开心心地要求妈妈快点儿送自己去上学！从那天早上开始，她的女儿上学再也没有出现任何不适。

找到灵感

你觉得自己没有任何可以用来编故事的素材？我告诉你一个简单有趣的方法，让你用另一种方式锻炼自己编故事的能力。

打开一本书，随便一本什么书都可以，将你的手指随机指在一个词上，然后再随机指在另一个词上，直到你得到了编一个故事所需的足够多的词汇。为了解释得更清楚，我在写作此段时做了一个试验。我随便想了一个孩子可能出现的心理问题，比如嫉妒刚出生几个月的小妹妹，然后我随便打开了一本书。恰好在我手边的一本书是让-克利斯朵夫·格朗热的《树叶的誓言》，这是一本我刚看完的侦探小说，是一本与嫉妒主题毫无关联的侦探小说，而且与个人发展，甚至与童年都毫无关系。仅仅因为孩子面临的嫉妒问题勾起了我的好奇心，而我手头恰好有这本书。我们来看看我的潜意识是怎么帮助我在书中进行选择的。我闭上眼睛，随机翻开了一页，我的眼睛保持紧闭，让我的食指在书页上滑动，然后停在某一个词上。我睁开眼睛，看一眼那个词，然后记在一张纸上。重复 10 次之后，让我们来看看这两分钟内都出现了哪些词：监狱、文字、眼睛、基督徒、头晕、阳光、停下、一般信息、生命、讯息、冷。

显然，这是一种随机选择

我读着这些词，就像玩造句游戏一样，让自己的想法汇聚成一个个片段。我的想象力将帮我把这些片段转化成一个心理治愈的故事。在所有的词当中，也许有一些词我用不上，比如“基督徒”和“一般信息”等。对于孩子来说太复杂的词也应该放弃，我的故事应当用简单的词汇来讲述。我该怎样处理这些在书中随机取到的词呢？我有意识地将所有的词仔细读一遍：监狱、眼睛、阳光、冷、头晕、生命……这些词好像在对我低语，诉说着一个和出生有关的隐喻故事。

然后，我开始构思故事的主线：一位被巫师下了诅咒的公主——故事的主人公当然是一位女孩，因为问题的中心人物是被孩子嫉妒的新生妹妹——发现自己被囚禁在一座监狱里，差不多有九个月时间。她感觉很冷，因为监狱里很阴暗，她的眼睛什么也看不到，她感觉头晕。在这九个月里，时间就像停止了一般，而外界的生活就在没有她的情况下继续着。终于，到了能出去的日子。对公主来说，这就像是生命的开端。她感觉很冷，但她马上就能看到令她感觉温暖的阳光了。她对自己说，如果有人能在监狱门口迎接她就好了。就在那时，她看见了自己的爸爸妈妈，还有哥哥。公主看到自己的亲人是多么的开心！她感谢他们在那儿迎接她、守候她。她暗暗发誓，将来，等她的身体恢复以后，她将回馈给他们同样的关心与爱。

根据我的经验，孩子会在意识层面听故事，而不会提出问题。孩子几乎从来不会把自己的问题与主人公的问题联系起来。你没有必要再讲一遍故事，你可以让孩子的潜意识来完成它的使命。

创造一个积极的结局，而不是神奇的结局

你的故事应当符合逻辑，并且有起伏的情节：一个待解决的问题、一些困难、一个解决问题的方法。在故事中，你应当让主人公找到一个解决问题的方法，而不要讲述一种过于神奇的方法，诸如“然后魔法师掏出了魔法棒，孩子再也没有烦恼了”的结局。这种神奇的方法得来全不费功夫，因为它不需要你挖空心思寻找解决问题的方法，但是它缺少吸引力，因为难解

的问题会更加吸引孩子的注意力和潜意识。更重要的是，神奇的方法阻碍了孩子唤醒深层次的思考，因为潜意识没法从日常生活中找到一根魔法棒！故事对孩子来说应当是传授奥义解决困惑的良方，纯魔法的结局并不能帮助孩子成长。那些起初受到困扰，甚至被困在一个无法摆脱的局面中的主人公，最终应当凭借自己的力量找到解决问题的方法并获得胜利。如此一来，你的孩子就会通过故事得到启迪，他的内心也会变得更加强大。

显然，故事应当有一个积极的结局，并且开辟一条新的道路。即使你没能找到令自己非常满意的结局，你也可以讲一个保留多种可能性的开放式结局，比如："最后，王子明白了如何变得越来越好，他知道自己身上拥有解决生活中遇到的困难的能力。"要激发孩子从潜意识中找到改变行为的积极正面的方法，孩子自己将会发现更适合的方法。

唤醒你所有的能力，甚至是那些你不敢想象的能力。相信自己，相信你的直觉。我向你推荐的这个积极的心理治疗方法能够让你转变观念，转变孩子的视角，改变生活。这种方法也需要你向你的孩子传授，使他能够保留与自己无所不知的部分沟通的天赋，发掘对他而言最有益处的事物，除了使用分析能力以外，还能够使用直觉的力量去判断事情。

后记

通过阅读这本书，你编的故事让你的孩子获得了自信或改变了困扰他的行为吗？你可以把孩子的问题和你为孩子编的故事告诉作者，为作者提供素材。当其他父母在网站上或作者日后的作品中看到你的故事时，他们的想象力也能够得到提升。你可以访问作者的网站 www.lisebartoli.com 来提供或寻找故事素材。

非常感谢克里斯多夫 · 吉拉斯对于我的所有项目表现出的极大热情，感谢盖尔 · 方丹在这本书的创作期间给予我的关注与支持。我不会忘记我的小咨询者们，是你们带给我如此多的启发。每一次咨询都让我见证了孩子们的想象力和他们进行积极转变的神奇能力。